바빠 초등

필수 영단어

트레이닝 쓰면서 끝내기

KB084830

이지스에듀

지은이 윤미영

20여 년 동안 지학사, 디딤돌 등에서 초등학생과 중고생을 위한 영어 교재를 기획하고 만드는 일을 해 왔습니다. ≪바쁜 초등학생을 위한 빠른 영단어 Starter≫ 시리즈(초등 저학년용)와 ≪바빠 초등 필수 영단어≫(초등 전학년용)를 집필했습니다. 기타 ≪단어가 읽기다≫ 등의 단어 책과 초등 문법 책도 집필했습니다.

아이들의 인지 능력과 언어 발달에 기반을 두고 초중고 교육과정을 고려하여 학습 내용을 구성해 왔으며, 배운 내용을 익혀 자신의 것으로 체화하는 교재를 만들어온 영어 교육 전문가입니다.

이러한 생각을 담아 이지스에듀에서 ≪바쁜 초등학생을 위한 빠른 영단어 Starter≫ 시리즈와 ≪바빠 초등 필수 영단어≫를 집필했습니다.

감수 Michael A. Putlack(마이클 A. 푸틀랙)

미국의 명문 대학인 Tufts University에서 역사학 석사 학위를 받은 뒤 우리나라의 동양미래대학에서 20년 넘게 한국 학생들을 가르쳤습니다. ≪영어동화 100편≫ 시리즈, ≪7살 첫 영어 - 파닉스≫, ≪바빠 초등 영문법 - 5・6학년용≫, ≪바빠 초등 영어 시제 특강 - 5・6학년용≫등 영어 교재 감수에도 참여했습니다.

바빠 초등 필수 영단어 트레이닝

초판 1쇄 발행 2023년 6월 16일
초판 2쇄 발행 2024년 3월 22일
지은이 윤미영
발행인 이지연
펴낸곳 이지스퍼블리싱(주)
출판사 등록번호 제313-2010-123호
주소 서울시 마포구 잔다리로 109 이지스 빌딩 5층(우편번호 04003)
대표전화 02-325-1722 **팩스** 02-326-1723
이지스퍼블리싱 홈페이지 www.easyspub.com **이지스에듀 카페** www.easysedu.co.kr
바빠 아지트 블로그 blog.naver.com/easyspub **인스타그램** @easys_edu
페이스북 www.facebook.com/easyspub2014 **이메일** service@easyspub.co.kr
편집장 조은미 **기획 및 책임 편집** 정지연 | 이지혜, 박지연, 김현주 **교정 교열** 이수정
삽화 한미정, 김학수 **표지 및 내지 디자인** 손한나 **조판** 책돼지 **인쇄** JS프린팅 **마케팅** 박정현, 한송이, 이나리
영업 및 문의 이주동, 김요한(support@easyspub.co.kr) **독자 지원** 오경신, 박애림

ISBN 979-11-6303-478-0 63740
가격 15,000원

• **이지스에듀**는 이지스퍼블리싱(주)의 교육 브랜드입니다.
(이지스에듀는 학생들을 탈락시키지 않고 모두 목적지까지 데려가는 책을 만듭니다!)

교육부 권장 **초등 학년별 어휘 800개를 쓰면서 끝낸다!**

《바빠 초등 필수 영단어 트레이닝》

읽을 줄 알고, 보면 안다고 생각하는 영어 단어도 연필 잡고 직접 쓰려 하면 막막할 때가 많습니다. 단어를 눈으로만 읽고 익히지 않았기 때문입니다. 단어를 정확하게 쓰려면 집중해서 훈련하는 과정이 필요합니다.

쓰기만 하는 게 아니죠! 듣고, 쓰고, 말하고, 단어 시험 보기까지, 초등 필수 영단어 완전 정복

4단계 반복 학습법으로 단어를 완벽하게 습득하도록 설계했습니다.

1단계 들으며 빈칸 채우기

원어민의 발음을 들으며 단어를 익히면 효율적입니다. 원어민의 정확한 발음을 흉내 내면서 빠진 철자를 채워 보세요. 소리와 문자를 연결해 통합적으로 단어를 익힐 수 있습니다.

2단계 또박또박 쓰면서 외우기

삼선에 맞춰 철자를 또박또박 써 보세요. 삼선 위에서는 쓰기 시작하는 위치와 획의 높이를 고려하며 쓰게 되므로 더욱 더 집중해서 쓸 수 있습니다.

3단계 문장에 적용해 말하기

문장에서 어떻게 쓰이는지 아는 단어만 진짜 내 단어가 됩니다. 우리말 해석을 보고 영어 문장을 완성해 보세요. 완성한 문장은 반드시 큰 소리로 읽으면서 연습하세요.

4단계 단어 시험을 매일 보며 마무리

오늘 배운 단어는 오늘 끝낼 수 있도록 단어 시험을 매일 진행합니다. 이 시험에는 어제 배운 단어도 일부 포함되어 있으므로 복습에 유용합니다.

오답이 어제 배운 단어에 있다면, 따로 노트를 마련해 연습하세요.

앞에서 배운 단어 복습까지 철저하게!

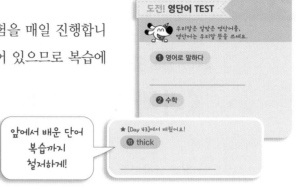

촘촘한 복습 설계로 단어가 머리에 오래 남는 영단어 책!

단어를 여러 번 반복하는 것 뿐만 아니라 '에빙하우스의 망각 곡선'을 고려해 복습 시간 간격도 과학적으로 설계했습니다.

그날 배운 단어는 단어 시험으로 바로 확인할 뿐만 아니라 복습 단원을 따로 두어 3일 후에(Day1~3) 배운 단어를 점검합니다.

복습 단원에서 틀린 단어는 일주일 후에 다시 한 번 연습하는 것이 좋습니다.

단어 퍼즐이 있어서 아이들이 흥미로워 해요!

단어 활용 능력을 키우는 트레이닝법

이 책으로 듣고 쓰고 말하고 시험 보며 영단어를 완벽하게 습득할 수 있습니다.

또 내가 배운 단어를 교과서 예문에 1:1로 적용하며, 영어 문장 속 단어의 쓰임을 익힐 수 있습니다. 그래서 단어 활용 능력까지 키울 수 있는거죠.

자, 이제 바쁜 친구들이 즐거워지는 빠른 영단어 트레이닝을 시작해 볼까요?

완벽하게 끝낸다!

 차 례

바빠 초등 필수 영단어 트레이닝

바쁜 친구들이 즐거워지는 빠른 학습법

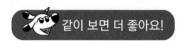

"두 권을 같이 공부하여 완벽하게! 7번 반복의 힘!"
바빠 초등 필수 영단어 & 바빠 초등 필수 영단어 트레이닝

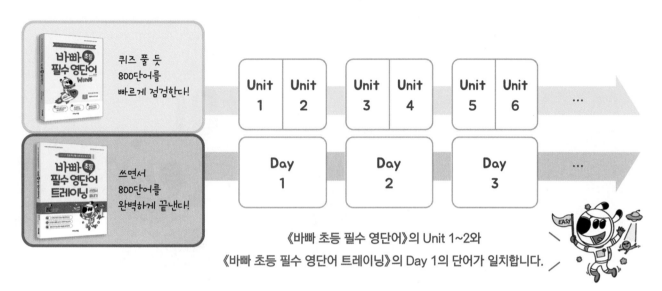

퀴즈 풀 듯 800단어를 빠르게 점검한다!

쓰면서 800단어를 완벽하게 끝낸다!

《바빠 초등 필수 영단어》의 Unit 1~2와
《바빠 초등 필수 영단어 트레이닝》의 Day 1의 단어가 일치합니다.

언어학자들의 연구에 따르면 영어 단어를 최소 7번 이상 반복해야 장기 기억으로 저장될 가능성이 높아진다고 합니다. 예를 들어《바빠 초등 필수 영단어》의 Unit 1~2를 공부한 후, 다음 날《바빠 초등 필수 영단어 트레이닝》의 Day 1을 공부하거나, 오전에 영단어 책을 공부한 후 오후에 트레이닝 책을 풀면 단기간에 단어를 최소 7번 반복해서 공부하는 효과가 생깁니다.

 《바빠 초등 필수 영단어》를 이미 공부한 친구라면?

이어서《바빠 초등 필수 영단어 트레이닝》으로 초등 필수 영단어를 완벽하게 끝내세요. 다양한 종류의 단어 책을 보는 것보다는 한 권을 제대로 떼는 게 효율적이랍니다.

영단어 책(Unit 1~Unit 159)　　　　　트레이닝 책(Day 1~Day 80)

 《바빠 초등 필수 영단어 트레이닝》을 먼저 공부하고 싶은 친구라면?

트레이닝 책을 먼저 시작해도 괜찮아요! 듣고, 쓰고, 문장으로 말하고, 단어 시험을 보는 4단계 반복 학습 설계를 활용해 쓰면서 공부하세요. 그리고 영단어 책으로 배운 단어들을 빠르게 점검해 보세요.

트레이닝 책(Day 1~Day 80)　　　　　영단어 책(Unit 1~Unit 159)

첫째 마당

3학년 영단어

트레이닝

 주제별로 배우는 초등 3학년 필수 영단어

Day 1 Fruit | Food

2 또박또박 쓰면서 외우자

01. Fruit 과일

두 번 이상 써 보세요.

apple 사과	☐pple

apple   apple   apple

banana 바나나	ban☐na

grape 포도	gra☐e

pear 배	p☐ar

➕ strawberry는 일반적으로 복수형인
strawberries로 써요.

strawberry 딸기	stra☐berry

02. Food 음식

큰 소리로 읽으며 쓰고 있지요?

bread 빵	bre☐d

bread   bread   bread

hamburger 햄버거	ha☐burger

fish 생선, 물고기	fis☐

pizza 피자	piz☐a

salad 샐러드	sa☐ad

3 빈칸은 채우고 문장으로 말하자

I like [____]s.
나는 사과(들)을 좋아한다.

I like [____]s.
나는 바나나(들)을 좋아한다.

I like [____]s.
나는 포도를 좋아한다.

[__] like [____]s.
나는 배(들)을 좋아한다.

➕ strawberry의 복수형으로 쓰세요.

I [____] [____].
나는 딸기를 좋아한다.

Do you like [____]?
너는 빵을 좋아하니?

Do you like [____]s?
너는 햄버거(들)을 좋아하니?

Do you like [____]?
너는 생선을 좋아하니?

Do [____] like [____]?
너는 피자를 좋아하니?

Do you [____] [____]?
너는 샐러드를 좋아하니?

도전! 영단어 TEST

우리말은 알맞은 영단어를,
영단어는 우리말 뜻을 쓰세요.

❶ 빵
_____

❷ 딸기
_____

❸ 배
_____

❹ 햄버거
_____

❺ 생선, 물고기
_____

❻ pizza
_____

❼ apple
_____

❽ banana
_____

❾ grape
_____

❿ salad
_____

도전! 영단어 TEST

Day 2 Things | Animals

2 또박또박 쓰면서 **외우자**

03. Things 물건

✏️ 두 번 이상 써 보세요.

ball
공

☐all

clock
시계

cl☐ck

book
책

bo☐k

cup
컵

cu☐

hat
모자

h☐t

04. Animals 동물

🚀 큰 소리로 읽으며 쓰고 있지요?

dog
개

d☐g

cat
고양이

ca☐

rabbit
토끼

rab☐it

horse
말

h☐rse

bird
새

bi☐d

3 빈칸은 채우고 문장으로 말하자

It is a [　　　].
그것은 공이다.

It is a [　　　].
그것은 시계이다.

It is a [　　　].
그것은 책이다.

It [　　] a [　　　].
그것은 컵이다.

[　　] is a [　　　].
그것은 모자이다.

Is it a [　　　]?
그것은 개니?

Is it a [　　　]?
그것은 고양이니?

Is it a [　　　]?
그것은 토끼니?

[　　] it a [　　　]?
그것은 말이니?

Is [　　] a [　　　]?
그것은 새니?

Action | Family

1 빈칸을 채우며 듣자

05. Action 동작

swim 수영하다	☐wim
ski 스키를 타다	s☐i
jump 높이 뛰다	ju☐p
read 읽다	re☐d
write (글자, 숫자 등을) 쓰다	w☐ite

06. Family 가족

dad 아빠	d☐d
mom 엄마	m☐m
brother 형, 오빠, 남동생	b☐other
sister 누나, 언니, 여동생	sis☐er
baby 아기	ba☐y

2 또박또박 쓰면서 외우자

✏ 두 번 이상 써 보세요.

✏ 큰 소리로 읽으며 쓰고 있지요?

3 빈칸은 채우고 문장으로 말하자

I can [ ].
나는 수영할 수 있다.

I can [ ].
나는 스키를 탈 수 있다.

I can [ ].
나는 높이 뛸 수 있다.

I [ ] [ ].
나는 읽을 수 있다.

[ ] can [ ].
나는 쓸 수 있다.

He is my [ ].
그는 나의 아빠이다.

She is my [ ].
그녀는 나의 엄마이다.

He is my [ ].
그는 나의 남동생이다.

She is [ ] [ ].
그녀는 나의 여동생이다.

[ ] [ ] my [ ].
그는 나의 아기다.

우리말은 알맞은 영단어를,
영단어는 우리말 뜻을 쓰세요.

❶ 엄마
_____

❷ 스키를 타다
_____

❸ 높이 뛰다
_____

❹ 누나, 언니, 여동생
_____

❺ (글자, 숫자 등을) 쓰다
_____

❻ dad
_____

❼ swim
_____

❽ brother
_____

❾ read
_____

❿ baby
_____

★ [Day 2]에서 배웠어요!
⓫ clock
_____

⓬ 말

A. 영단어는 우리말 뜻을, 우리말은 알맞은 영단어를 쓰세요.

Fruit | Food

1 apple _____

2 banana _____

3 pear _____

4 fish _____

5 pizza _____

6 딸기 _____

7 포도 _____

8 빵 _____

9 햄버거 _____

10 샐러드 _____

Things | Animals

11 ball _____

12 book _____

13 hat _____

14 cat _____

15 horse _____

16 시계 _____

17 컵 _____

18 개 _____

19 토끼 _____

20 새 _____

Action | Family

21 brother _____

22 jump _____

23 write _____

24 mom _____

25 sister _____

26 스키를 타다 _____

27 읽다 _____

28 아빠 _____

29 수영하다 _____

30 아기 _____

B. 들려주는 영단어에 해당하는 우리말 뜻을 고르세요.

1	사과 ✔	바나나 ☐
2	포도 ☐	딸기 ☐
3	시계 ☐	모자 ☐
4	고양이 ☐	토끼 ☐
5	읽다 ☐	쓰다 ☐

6	빵 ☐	샐러드 ☐
7	엄마 ☐	아빠 ☐
8	컵 ☐	공 ☐
9	말 ☐	새 ☐
10	남동생 ☐	여동생 ☐

C. 퍼즐에 '숨어 있는 영단어'를 모두 찾아 ◯표 하세요.

빈칸에 영단어를 채워 보세요!

숨어 있는 영단어

1 사과 ⟦a⟧⟦p⟧⟦p⟧⟦l⟧⟦e⟧

2 아기 ☐☐☐☐

3 높이 뛰다 ☐☐☐☐

4 수영하다 ☐☐☐☐

5 새 ☐☐☐☐

6 책 ☐☐☐☐

l	k	u	m	w	g	k	p
k	e	i	a	p	p	l	e
t	w	c	g	q	z	v	u
s	r	l	j	u	m	p	b
c	s	z	j	d	m	n	a
e	w	k	r	o	v	n	b
c	g	i	s	x	f	d	y
f	b	p	b	o	o	k	n

가로, 세로, 대각선에 영단어 6개가 숨어 있어요!

Day 4 Introducing | Face

07. Introducing 소개

friend 친구	⬜riend
family 가족	fa⬜ily
student 학생	stu⬜ent
robot 로봇	ro⬜ot
doll 인형	do⬜l

08. Face 얼굴

eye 눈	e⬜e
nose 코	n⬜se
mouth 입	mo⬜th
ear 귀	e⬜r
face 얼굴	fa⬜e

2 또박또박 쓰면서 외우자

✏️ 두 번 이상 써 보세요.

🚀 큰 소리로 읽으며 쓰고 있지요?

This is my [   ].

이 사람은 내 친구이다.

This is my [   ].

이 사람은 내 가족이다.

This is my [   ].

이 사람은 내 학생이다.

This [   ] my [   ].

이것은 내 로봇이다.

[   ] is my [   ].

이것은 내 인형이다.

⊕ these are은 '이것들은 ~이다'라는 뜻으로
가까이에 있는 여러 개를 가리킬 때 써요.

These are my [   ]s.

이것들은 내 눈(들)이다.

This is my [   ].

이것은 내 코이다.

This is my [   ].

이것은 내 입이다.

These [   ] my [   ]s.

이것들은 내 귀(들)이다.

[   ] is my [   ].

이것은 내 얼굴이다.

❶ 코

_____

❷ 가족

_____

❸ 학생

_____

❹ 입

_____

❺ 얼굴

_____

❻ eye

_____

❼ friend

_____

❽ robot

_____

❾ ear

_____

❿ doll

_____

★ [Day 3]에서 배웠어요!

⓫ ski

_____

⓬ 형, 오빠, 남동생

18

Day 5 Body | Action

1 빈칸을 채우며 듣자

09. Body 신체

head 머리	☐ead
arm 팔	a☐m
hand 손	ha☐d

➕ foot의 복수형은 feet이에요.

foot 발	fo☐t
leg 다리	le☐

10. Action 동작

dance 춤추다	da☐ce
skate 스케이트를 타다	s☐ate
walk 걷다	wa☐k
run 달리다	r☐n
fly 날다	f☐y

2 또박또박 쓰면서 외우자

✏ 두 번 이상 써 보세요.

✏ 큰 소리로 읽으며 쓰고 있지요?

3 빈칸을 채우고 문장으로 말하자

I have a [ ] .
나는 머리가 있다.

I have [ ] s.
나는 팔(들)이 있다.

I have [ ] s.
나는 손(들)이 있다.

⊕ foot의 복수형으로 쓰세요.

I [ ] [ ] .
나는 발(들)이 있다.

[ ] have [ ] s.
나는 다리(들)이 있다.

Can you [ ] ?
너는 춤출 수 있니?

Can you [ ] ?
너는 스케이트를 탈 수 있니?

Can you [ ] ?
너는 걸을 수 있니?

Can [ ] [ ] ?
너는 달릴 수 있니?

[ ] you [ ] ?
너는 날 수 있니?

❶ 발
_____

❷ 달리다
_____

❸ 걷다
_____

❹ 머리
_____

❺ 팔
_____

❻ dance
_____

❼ skate
_____

❽ hand
_____

❾ leg
_____

❿ fly
_____

★ [Day 4]에서 배웠어요!
⓫ face
_____

⓬ 눈
_____

Day 6 People | Size

2 또박또박 쓰면서 외우자

11. People 사람들

🚀 두 번 이상 써 보세요.

pretty 예쁜	□retty
cute 귀여운	c□te
old 나이든	o□d
young 어린	yo□ng
tall 키가 큰	tal□

12. Size 크기

🚀 큰 소리로 읽으며 쓰고 있지요?

small 작은	sma□l
big 큰	□ig
fat 뚱뚱한	fa□
long 긴	lo□g
short 짧은	sho□t

3 빈칸을 채우고 문장으로 말하자

She is [   ].

그녀는 예쁘다.

He is [   ].

그는 귀엽다.

She is [   ].

그녀는 나이가 많다.(나이가 들다.)

[   ] is [   ].

그녀는 어리다.

[   ] [   ] [   ].

그는 키가 크다.

It is [   ].

그것은 작다.

It is [   ].

그것은 크다.

It is [   ].

그것은 뚱뚱하다.

It [   ] [   ].

그것은 길다.

[   ] is [   ].

그것은 짧다.

도전! 영단어 TEST

우리말은 알맞은 영단어를,
영단어는 우리말 뜻을 쓰세요.

❶ 뚱뚱한

_____

❷ 긴

_____

❸ 예쁜

_____

❹ 어린

_____

❺ 키가 큰

_____

❻ small

_____

❼ cute

_____

❽ old

_____

❾ big

_____

❿ short

_____

★ [Day 5]에서 배웠어요!

⓫ fly

_____

⓬ 다리

_____

A. 영단어는 우리말 뜻을, 우리말은 알맞은 영단어를 쓰세요.

Introducing | Face

1 friend	_____	**6** 가족	_____
2 student	_____	**7** 로봇	_____
3 doll	_____	**8** 눈	_____
4 nose	_____	**9** 입	_____
5 ear	_____	**10** 얼굴	_____

Body | Action

11 head	_____	**16** 팔	_____
12 hand	_____	**17** 발	_____
13 leg	_____	**18** 춤추다	_____
14 skate	_____	**19** 걷다	_____
15 run	_____	**20** 날다	_____

People | Size

21 pretty	_____	**26** 귀여운	_____
22 old	_____	**27** 어린	_____
23 tall	_____	**28** 작은	_____
24 big	_____	**29** 뚱뚱한	_____
25 long	_____	**30** 짧은	_____

B. 들려주는 영단어에 해당하는 우리말 뜻을 고르세요.

1	친구 ☐	가족 ☐		**6**	로봇 ☐	학생 ☐
2	입 ☐	귀 ☐		**7**	머리 ☐	얼굴 ☐
3	발 ☐	다리 ☐		**8**	팔 ☐	손 ☐
4	걷다 ☐	날다 ☐		**9**	춤추다 ☐	달리다 ☐
5	어린 ☐	나이든 ☐		**10**	긴 ☐	짧은 ☐

C. 퍼즐에 '숨어 있는 영단어'를 모두 찾아 ◯표 하세요.

빈칸에 영단어를 채워 보세요!

숨어 있는 영단어

1 가족 ☐☐☐☐☐

2 뚱뚱한 ☐☐☐

3 날다 ☐☐☐

4 발 ☐☐☐☐

5 입 ☐☐☐☐☐

6 어린 ☐☐☐☐☐

b	k	l	f	g	k	a	f
o	z	s	s	k	c	t	a
r	u	a	q	j	y	f	m
r	m	z	f	o	o	t	i
i	z	o	r	h	u	r	l
f	f	y	u	v	n	f	y
t	h	l	z	t	g	a	i
m	o	e	y	i	h	t	z

가로, 세로, 대각선에 영단어 6개가 숨어 있어요!

Day 7 Colors | Weather

1 빈칸을 채우며 듣자

13. Colors 색깔

black
검은색의

☐lack

green
초록색의

g☐een

red
빨간색의

r☐d

yellow
노란색의

ye☐low

blue
파란색의

bl☐e

14. Weather 날씨

sunny
화창한

su☐ny

snowing
눈이 오고 있는

s☐owing

raining
비가 오고 있는

ra☐ning

windy
바람이 부는

win☐y

cloudy
흐린

clo☐dy

2 또박또박 쓰면서 외우자

✏️ 두 번 이상 써 보세요.

✏️ 큰 소리로 읽으며 쓰고 있지요?

3 빈칸을 채우고 문장으로 말하자

It is a [____] ball.

그것은 검은색의 공이다.

It is a [____] ball.

그것은 초록색의 공이다.

It is a [____] ball.

그것은 빨간색의 공이다.

It [__] a [____] ball.

그것은 노란색의 공이다.

[__] is a [____] ball.

그것은 파란색의 공이다.

It's [____] today.

오늘은 화창하다.

It's [____] today.

오늘은 눈이 오고 있다.

It's [____] today.

오늘은 비가 오고 있다.

It's [____] [____].

오늘은 바람이 분다.

[__] [____] today.

오늘은 흐리다.

26

Day 8 Feelings | House Things

15. Feelings 감정

happy 행복한	☐appy
sad 슬픈	s☐d
angry 화가 난	a☐gry
thirsty 목마른	thi☐sty
hungry 배고픈	hun☐ry

16. House Things 집기

bed 침대	☐ed
sofa 소파	so☐a
table 탁자	tab☐e
curtain 커튼	cur☐ain
lamp 전등	la☐p

두 번 이상 써 보세요.

큰 소리로 읽으며 쓰고 있지요?

3 빈칸은 채우고 문장으로 말하자

Are you ☐ ?
너는 행복하니?

Are you ☐ ?
너는 슬프니?

Are you ☐ ?
너는 화가 났니?

Are ☐ ☐ ?
너는 목마르니?

☐ you ☐ ?
너는 배고프니?

There is a ☐ .
침대가 있다.

There is a ☐ .
소파가 있다.

There is a ☐ .
탁자가 있다.

☐ is a ☐ .
커튼이 있다.

There ☐ a ☐ .
전등이 있다.

우리말은 알맞은 영단어를,
영단어는 우리말 뜻을 쓰세요.

❶ 슬픈
_____

❷ 배고픈
_____

❸ 소파
_____

❹ 커튼
_____

❺ 탁자
_____

❻ happy
_____

❼ bed
_____

❽ angry
_____

❾ lamp
_____

❿ thirsty
_____

★ [Day 7]에서 배웠어요!
⓫ windy
_____

⓬ 빨간색의
_____

Day 9 House Things | School Things

1 빈칸을 채우며 듣자

2 또박또박 쓰면서 외우자

17. House Things 집기

✏️ 두 번 이상 써 보세요.

desk
책상

☐esk

chair
의자

c☐air

door
문

doo☐

window
창문

wi☐dow

wall
벽

wal☐

18. School Things 학용품

✏️ 큰 소리로 읽으며 쓰고 있지요?

pencil
연필

pen☐il

eraser
지우개

e☐aser

ruler
자

ru☐er

scissors
가위

scis☐ors

glue stick
풀

glu☐ sti☐k

3 빈칸은 채우고 문장으로 말하자

This is a [   ].
이것은 책상이다.

This is a [   ].
이것은 의자이다.

This is a [   ].
이것은 문이다.

This [   ] a [   ].
이것은 창문이다.

[   ] is a [   ].
이것은 벽이다.

Is this your [   ]?
이것은 너의 연필이니?

Is this your [   ]?
이것은 너의 지우개이니?

Is this your [   ]?
이것은 너의 자니?

Are these [   ] [   ]?
이것은 너의 가위니?

Is [   ] your [   ]?
이것은 너의 풀이니?

A. 영단어는 우리말 뜻을, 우리말은 알맞은 영단어를 쓰세요.

Colors | Weather

1 black   _____

2 red   _____

3 blue   _____

4 snowing   _____

5 windy   _____

6 초록색의   _____

7 노란색의   _____

8 화창한   _____

9 비가 오고 있는   _____

10 흐린   _____

Feelings | House Things

11 happy   _____

12 angry   _____

13 hungry   _____

14 sofa   _____

15 curtain   _____

16 슬픈   _____

17 목마른   _____

18 침대   _____

19 탁자   _____

20 전등   _____

House Things | School Things

21 desk   _____

22 door   _____

23 wall   _____

24 eraser   _____

25 scissors   _____

26 의자   _____

27 창문   _____

28 연필   _____

29 자   _____

30 풀   _____

B. 들려주는 영단어에 해당하는 우리말 뜻을 고르세요.

1	노란색의 ☐	초록색의 ☐
2	바람이 부는 ☐	흐린 ☐
3	전등 ☐	소파 ☐
4	책상 ☐	의자 ☐
5	지우개 ☐	자 ☐

6	눈이 오고 있는 ☐	비가 오고 있는 ☐
7	목마른 ☐	배고픈 ☐
8	탁자 ☐	커튼 ☐
9	창문 ☐	벽 ☐
10	가위 ☐	풀 ☐

C. 퍼즐에 '숨어 있는 영단어'를 모두 찾아 ◯표 하세요.

빈칸에 영단어를 채워 보세요!

숨어 있는 영단어

1 침대 ☐☐☐

2 검은색의 ☐☐☐☐☐

3 문 ☐☐☐☐

4 행복한 ☐☐☐☐☐

5 연필 ☐☐☐☐☐☐

6 화창한 ☐☐☐☐☐

d	u	d	o	o	r	s	l
b	k	u	i	y	t	u	m
e	l	a	p	h	d	n	j
d	r	p	w	q	x	n	a
m	a	u	o	c	x	y	n
h	z	b	l	a	c	k	j
g	a	p	s	a	n	j	c
h	a	p	e	n	c	i	l

가로, 세로, 대각선에 영단어 6개가 숨어 있어요!

Day 10 **School Things | Kitchen Things**

19. School Things 학용품

크레용 두 번 이상 써 보세요.

crayon 크레용	☐rayon
sketchbook 스케치북	ske☐chbook
colored pencil 색연필	color☐d pencil
paint 물감, 페인트	pa☐nt
paper 종이	pa☐er

20. Kitchen Things 주방 용품

큰 소리로 읽으며 쓰고 있지요?

fork 포크	fo☐k
chopsticks 젓가락	ch☐psticks
spoon 숟가락	spo☐n
bowl 그릇	bo☐l
knife 칼	k☐ife

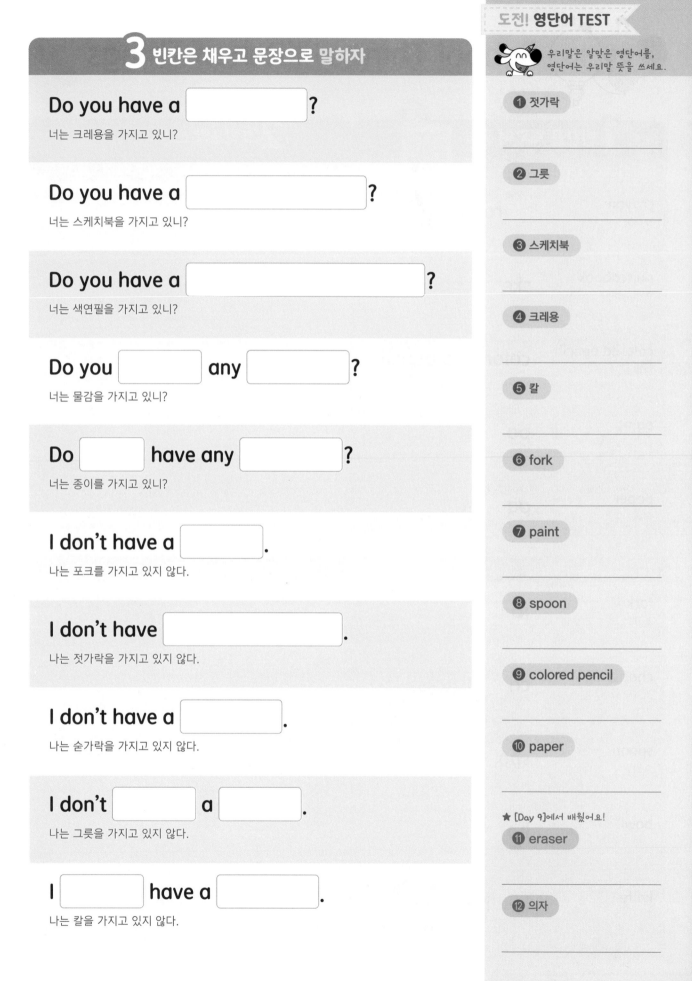

3 빈칸은 채우고 문장으로 말하자

Do you have a [   ]?
너는 크레용을 가지고 있니?

Do you have a [   ]?
너는 스케치북을 가지고 있니?

Do you have a [   ]?
너는 색연필을 가지고 있니?

Do you [   ] any [   ]?
너는 물감을 가지고 있니?

Do [   ] have any [   ]?
너는 종이를 가지고 있니?

I don't have a [   ].
나는 포크를 가지고 있지 않다.

I don't have [   ].
나는 젓가락을 가지고 있지 않다.

I don't have a [   ].
나는 숟가락을 가지고 있지 않다.

I don't [   ] a [   ].
나는 그릇을 가지고 있지 않다.

I [   ] have a [   ].
나는 칼을 가지고 있지 않다.

도전! 영단어 TEST

우리말은 알맞은 영단어를,
영단어는 우리말 뜻을 쓰세요.

❶ 젓가락

❷ 그릇

❸ 스케치북

❹ 크레용

❺ 칼

❻ fork

❼ paint

❽ spoon

❾ colored pencil

❿ paper

★ [Day 9]에서 배웠어요!
⓫ eraser

⓬ 의자

Animals | My Things

1 빈칸을 채우며 듣자

21. Animals 동물

cow 소	☐ow
duck 오리	du☐k
pig 돼지	p☐g
chicken 닭, 닭고기	chi☐ken
donkey 당나귀	don☐ey

22. My Things 내 물건

computer 컴퓨터	com☐uter
cap (챙이 앞에 달린) 모자	ca☐
watch 손목 시계	wa☐ch
bag 가방	ba☐
umbrella 우산	umbrel☐a

2 또박또박 쓰면서 외우자

✏️ 두 번 이상 써 보세요.

✏️ 큰 소리로 읽으며 쓰고 있지요?

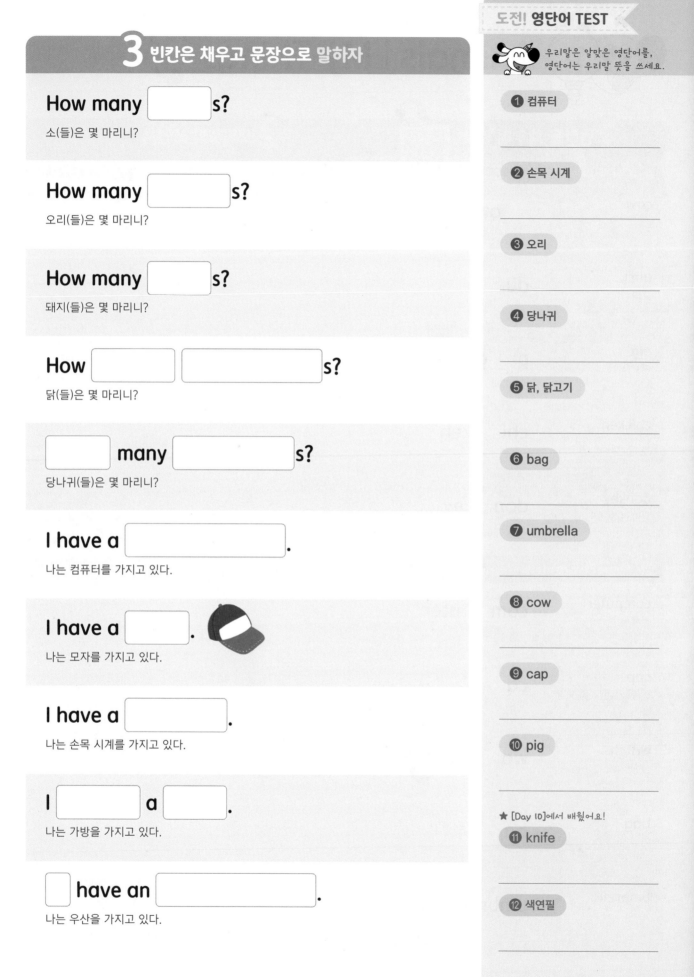

3 빈칸은 채우고 문장으로 말하자

How many ⬚s?

소(들)은 몇 마리니?

How many ⬚s?

오리(들)은 몇 마리니?

How many ⬚s?

돼지(들)은 몇 마리니?

How ⬚ ⬚s?

닭(들)은 몇 마리니?

⬚ many ⬚s?

당나귀(들)은 몇 마리니?

I have a ⬚.

나는 컴퓨터를 가지고 있다.

I have a ⬚.

나는 모자를 가지고 있다.

I have a ⬚.

나는 손목 시계를 가지고 있다.

I ⬚ a ⬚.

나는 가방을 가지고 있다.

⬚ have an ⬚.

나는 우산을 가지고 있다.

도전! 영단어 TEST

우리말은 알맞은 영단어를,
영단어는 우리말 뜻을 쓰세요.

❶ 컴퓨터
_____

❷ 손목 시계
_____

❸ 오리
_____

❹ 당나귀
_____

❺ 닭, 닭고기
_____

❻ bag
_____

❼ umbrella
_____

❽ cow
_____

❾ cap
_____

❿ pig
_____

★ [Day 10]에서 배웠어요!
⓫ knife
_____

⓬ 색연필
_____

Day 12 Numbers | Time

1 빈칸을 채우며 듣자

23. Numbers 숫자

one 1, 하나	☐ne
two 2, 둘	t☐o
three 3, 셋	thr☐e
four 4, 넷	fo☐r
five 5, 다섯	fi☐e

24. Time 시간

six 6, 여섯	si☐
seven 7, 일곱	se☐en
eight 8, 여덟	ei☐ht
nine 9, 아홉	ni☐e
ten 10, 열	t☐n

2 또박또박 쓰면서 외우자

두 번 이상 써 보세요.

큰 소리로 읽으며 쓰고 있지요?

3 빈칸은 채우고 문장으로 말하자

[_____] **fish**

한 마리 물고기

[_____] **fish**

두 마리 물고기

[_____] **fish**

세 마리 물고기

[_____] **fish**

네 마리 물고기

[_____] [_____]

다섯 마리 물고기

It's [_____] o'clock.

6시이다.

It's [_____] o'clock.

7시이다.

It's [_____] o'clock.

8시이다.

It's [_____] [_____].

9시이다.

[_____] [_____] o'clock.

10시이다.

A. 영단어는 우리말 뜻을, 우리말은 알맞은 영단어를 쓰세요.

School Things | Kitchen Things

1 crayon _____

2 colored pencil _____

3 paper _____

4 chopsticks _____

5 bowl _____

6 스케치북 _____

7 물감, 페인트 _____

8 포크 _____

9 숟가락 _____

10 칼 _____

Animals | My Things

11 cow _____

12 pig _____

13 donkey _____

14 cap _____

15 bag _____

16 오리 _____

17 닭, 닭고기 _____

18 컴퓨터 _____

19 손목 시계 _____

20 우산 _____

Numbers | Time

21 one _____

22 three _____

23 five _____

24 seven _____

25 nine _____

26 2, 둘 _____

27 4, 넷 _____

28 6, 여섯 _____

29 8, 여덟 _____

30 10, 열 _____

B. 들려주는 영단어에 해당하는 우리말 뜻을 고르세요.

1	물감 ☐	스케치북 ☐

6	색연필 ☐	종이 ☐

2	젓가락 ☐	숟가락 ☐

7	그릇 ☐	칼 ☐

3	오리 ☐	당나귀 ☐

8	손목 시계 ☐	우산 ☐

4	3, 셋 ☐	4, 넷 ☐

9	5, 다섯 ☐	6, 여섯 ☐

5	7, 일곱 ☐	8, 여덟 ☐

10	9, 아홉 ☐	10, 열 ☐

C. 퍼즐에 '숨어 있는 영단어'를 모두 찾아 ◯표 하세요.

빈칸에 영단어를 채워 보세요!

숨어 있는 영단어

1 가방 ☐☐☐

4 오리 ☐☐☐☐

2 닭, 닭고기 ☐☐☐☐☐☐☐

5 포크 ☐☐☐☐

3 크레용 ☐☐☐☐☐☐

6 2, 둘 ☐☐☐

r	l	k	g	a	c	y	x
m	c	h	i	c	k	e	n
g	c	d	e	r	d	g	i
b	r	l	o	y	a	e	e
p	a	f	n	b	e	i	f
b	y	e	w	r	l	l	t
z	o	d	u	c	k	d	w
c	n	n	p	t	w	a	o

가로, 세로, 대각선에 영단어 6개가 숨어 있어요!

Day 13 Age | Colors

1 빈칸을 채우며 듣자

2 또박또박 쓰면서 외우자

25. Age 나이

🚀 두 번 이상 써 보세요.

eleven
11, 열하나

☐leven

twelve
12, 열둘

tw☐lve

thirteen
13, 열셋

th☐rteen

fourteen
14, 열넷

fourte☐n

fifteen
15, 열다섯

fift☐en

26. Colors 색깔

🚀 큰 소리로 읽으며 쓰고 있지요?

white
하얀색의

w☐ite

brown
갈색의

b☐own

orange
주황색의

ora☐ge

pink
분홍색의

pin☐

purple
보라색의

p☐rple

3 빈칸을 채우고 문장으로 말하자

I am [   ] years old.
나는 11살이다.

I am [   ] years old.
나는 12살이다.

I am [   ] years old.
나는 13살이다.

I am [   ] [   ] old.
나는 14살이다.

I am [   ] years [   ].
나는 15살이다.

It is [   ].
그것은 하얀색이다.

It is [   ].
그것은 갈색이다.

It is [   ].
그것은 주황색이다.

It [   ] [   ].
그것은 분홍색이다.

[   ] is [   ].
그것은 보라색이다.

우리말은 알맞은 영단어를,
영단어는 우리말 뜻을 쓰세요.

❶ 주황색의
_____

❷ 14, 열넷
_____

❸ 갈색의
_____

❹ 12, 열둘
_____

❺ 11, 열하나
_____

❻ thirteen
_____

❼ fifteen
_____

❽ white
_____

❾ purple
_____

❿ pink
_____

★ [Day 12]에서 배웠어요!

⓫ four
_____

⓬ 7, 일곱
_____

Vegetables | Food

1 빈칸을 채우며 듣자

27. Vegetables 채소

tomato 토마토	[ ]omato
carrot 당근	car[ ]ot
onion 양파	o[ ]ion
potato 감자	pota[ ]o
vegetable 채소	veg[ ]table

28. Food 음식

rice 밥, 쌀	[ ]ice
steak 스테이크	ste[ ]k
soup 수프	sou[ ]
noodle 국수, 면	noo[ ]le
spaghetti 스파게티	spag[ ]etti

2 또박또박 쓰면서 외우자

두 번 이상 써 보세요.

큰 소리로 읽으며 쓰고 있지요?

3 빈칸은 채우고 문장으로 말하자

These are [____]es.
이것들은 토마토들이다.

These are [____]s.
이것들은 당근들이다.

These are [____]s.
이것들은 양파들이다.

[____] are [____]es.
이것들은 감자들이다.

These [____] [____]s.
이것들은 채소들이다.

I want some [____].
나는 밥을 원한다.

I want some [____].
나는 스테이크를 원한다.

I want some [____].
나는 수프를 원한다.

I [____] some [____]s.
나는 국수를 원한다.

I want [____] [____].
나는 스파게티를 원한다.

도전! 영단어 TEST

우리말은 알맞은 영단어를,
영단어는 우리말 뜻을 쓰세요.

❶ 수프

_____

❷ 스파게티

_____

❸ 국수, 면

_____

❹ 양파

_____

❺ 채소

_____

❻ rice

_____

❼ steak

_____

❽ tomato

_____

❾ carrot

_____

❿ potato

_____

★ [Day 13]에서 배웠어요!

⓫ orange

_____

⓬ 15, 열다섯

_____

44

Day 15 Cooking | Animals

1 빈칸을 채우며 듣자

29. Cooking 요리

salt 소금	☐alt
sugar 설탕	su☐ar
oil 기름	oi☐
butter 버터	but☐er
pepper 후추	pe☐per

30. Animals 동물

spider 거미	s☐ider
snake 뱀	sn☐ke
frog 개구리	fro☐
ant 개미	a☐t
bee 벌	be☐

2 또박또박 쓰면서 외우자

✏️ 두 번 이상 써 보세요.

✏️ 큰 소리로 읽으며 쓰고 있지요?

3 빈칸을 채우고 문장으로 말하자

Do you need some [ ] ?

너는 소금이 필요하니?

Do you need some [ ] ?

너는 설탕이 필요하니?

Do you need some [ ] ?

너는 기름이 필요하니?

Do you [ ] some [ ] ?

너는 버터가 필요하니?

Do you need [ ] [ ] ?

너는 후추가 필요하니?

I don't like [ ] s.

나는 거미(들)을 좋아하지 않는다.

I don't like [ ] s.

나는 뱀(들)을 좋아하지 않는다.

I don't like [ ] s.

나는 개구리(들)을 좋아하지 않는다.

I [ ] like [ ] s.

나는 개미(들)을 좋아하지 않는다.

I don't [ ] [ ] s.

나는 벌(들)을 좋아하지 않는다.

A. 영단어는 우리말 뜻을, 우리말은 알맞은 영단어를 쓰세요.

Age | Colors

1 eleven _____

2 thirteen _____

3 fifteen _____

4 brown _____

5 pink _____

6 12, 열둘 _____

7 14, 열넷 _____

8 하얀색의 _____

9 주황색의 _____

10 보라색의 _____

Vegetables | Food

11 tomato _____

12 onion _____

13 vegetable _____

14 steak _____

15 noodle _____

16 당근 _____

17 감자 _____

18 밥, 쌀 _____

19 수프 _____

20 스파게티 _____

Cooking | Animals

21 salt _____

22 oil _____

23 pepper _____

24 snake _____

25 ant _____

26 설탕 _____

27 버터 _____

28 거미 _____

29 개구리 _____

30 벌 _____

B. 들려주는 영단어에 해당하는 우리말 뜻을 고르세요.

1 11, 열하나 ☐   12, 열둘 ☐   6 13, 열셋 ☐   14, 열넷 ☐

2 주황색의 ☐   보라색의 ☐   7 갈색의 ☐   분홍색의 ☐

3 토마토 ☐   당근 ☐   8 양파 ☐   채소 ☐

4 밥, 쌀 ☐   국수, 면 ☐   9 소금 ☐   기름 ☐

5 거미 ☐   개미 ☐   10 뱀 ☐   벌 ☐

C. 퍼즐에 '숨어 있는 영단어'를 모두 찾아 ◯표 하세요.

빈칸에 영단어를
채워 보세요!

숨어 있는 영단어

1 버터 ☐☐☐☐☐☐   4 개구리 ☐☐☐☐

2 하얀색의 ☐☐☐☐☐   5 후추 ☐☐☐☐☐☐

3 15, 열다섯 ☐☐☐☐☐☐☐   6 설탕 ☐☐☐☐☐

g	m	b	u	t	t	e	r
s	u	g	a	r	n	z	t
w	b	g	d	q	i	r	c
h	f	i	f	t	e	e	n
i	s	w	o	p	l	j	n
t	k	a	p	i	e	c	w
e	z	e	d	f	r	o	g
b	p	m	g	l	t	n	e

가로, 세로,
대각선에 영단어
6개가 숨어 있어요!

Day 16 | Nature 1 | Nature 2

1 빈칸을 채우며 듣자

31. Nature 1 자연 1

beach 해변	beac◻
sand 모래	sa◻d
river 강	ri◻er
sky 하늘	sk◻
desert 사막	des◻rt

32. Nature 2 자연 2

tree 나무	t◻ee
star 별	◻tar
flower 꽃	flo◻er
moon 달	mo◻n
sun 해	s◻n

2 또박또박 쓰면서 외우자

두 번 이상 써 보세요.

큰 소리로 읽으며 쓰고 있지요?

3 빈칸은 채우고 문장으로 말하자

I see the _____.
나는 해변을 본다.

I see the _____.
나는 모래를 본다.

I see the _____.
나는 강을 본다.

[ ] see the _____.
나는 하늘을 본다.

I [ ] the _____.
나는 사막을 본다.

Look at the _____.
나무를 봐.

Look at the _____.
별을 봐.

Look at the _____.
꽃을 봐.

_____ at the _____.
달을 봐.

Look [ ] the _____.
해를 봐.

도전! 영단어 TEST

우리말은 알맞은 영단어를,
영단어는 우리말 뜻을 쓰세요.

❶ 별
_____

❷ 사막
_____

❸ 해변
_____

❹ 달
_____

❺ 모래
_____

❻ sun
_____

❼ river
_____

❽ flower
_____

❾ tree
_____

❿ sky
_____

★ [Day 15]에서 배웠어요!
⓫ pepper
_____

⓬ 개구리
_____

50

Day 17 Animals | Vehicles

33. Animals 동물

두 번 이상 써 보세요.

monkey
원숭이

☐onkey

lion
사자

l☐on

giraffe
기린

gira☐fe

elephant
코끼리

ele☐hant

bear
곰

bea☐

34. Vehicles 탈것

큰 소리로 읽으며 쓰고 있지요?

bicycle
자전거

b☐cycle

car
자동차

ca☐

bus
버스

b☐s

taxi
택시

ta☐i

subway
지하철

su☐way

3 빈칸을 채우고 문장으로 말하자

That is a _____.
저것은 원숭이다.

That is a _____.
저것은 사자이다.

That is a _____.
저것은 기린이다.

_____ is an _____.
저것은 코끼리이다.

That ___ a _____.
저것은 곰이다.

I go to school by _____.
나는 자전거로 학교에 간다.

I go to school by _____.
나는 자동차로 학교에 간다.

I go to school by _____.
나는 버스로 학교에 간다.

I go to _____ by ____.
나는 택시로 학교에 간다.

I ____ to school by _____.
나는 지하철로 학교에 간다.

❶ 자전거
_____

❷ 자동차
_____

❸ 원숭이
_____

❹ 지하철
_____

❺ 기린
_____

❻ lion
_____

❼ elephant
_____

❽ bus
_____

❾ taxi
_____

❿ bear
_____

★ [Day 16]에서 배웠어요!
⓫ moon
_____

⓬ 강
_____

52

Day 18 Vehicles | Fruit

35. Vehicles 탈것

🚀 두 번 이상 써 보세요.

truck 트럭	☐ruck
ship 배	s☐ip
boat 보트	bo☐t
train 기차	tra☐n
airplane 비행기	airp☐ane

36. Fruit 과일

🚀 큰 소리로 읽으며 쓰고 있지요?

kiwi 키위	ki☐i
melon 멜론	mel☐n
watermelon 수박	waterm☐lon
lemon 레몬	le☐on
fruit 과일	fru☐t

3 빈칸은 채우고 문장으로 말하자

I get on the [ ].

나는 트럭을 탄다.

I get on the [ ].

나는 배를 탄다.

I get on the [ ].

나는 보트를 탄다.

I [ ] on the [ ].

나는 기차를 탄다.

I get [ ] the [ ].

나는 비행기를 탄다.

I love [ ]s.

나는 키위(들)을 굉장히 좋아한다.

I love [ ]s.

나는 멜론(들)을 굉장히 좋아한다.

I love [ ]s.

나는 수박(들)을 굉장히 좋아한다.

[ ] love [ ]s.

나는 레몬(들)을 굉장히 좋아한다.

I [ ] [ ]s.

나는 과일(들)을 굉장히 좋아한다.

❶ 수박

_____

❷ 비행기

_____

❸ 배(교통수단)

_____

❹ 트럭

_____

❺ 과일

_____

❻ boat

_____

❼ train

_____

❽ melon

_____

❾ lemon

_____

❿ kiwi

_____

★ [Day 17]에서 배웠어요!

⓫ bicycle

_____

⓬ 기린

_____

A. 영단어는 우리말 뜻을, 우리말은 알맞은 영단어를 쓰세요.

Nature 1 | Nature 2

1 beach _____

2 river _____

3 desert _____

4 star _____

5 moon _____

6 모래 _____

7 하늘 _____

8 나무 _____

9 꽃 _____

10 해 _____

Animals | Vehicles

11 monkey _____

12 giraffe _____

13 bear _____

14 car _____

15 taxi _____

16 사자 _____

17 코끼리 _____

18 자전거 _____

19 버스 _____

20 지하철 _____

Vehicles | Fruit

21 truck _____

22 boat _____

23 airplane _____

24 melon _____

25 lemon _____

26 배(교통수단) _____

27 기차 _____

28 키위 _____

29 수박 _____

30 과일 _____

B. 들려주는 영단어에 해당하는 우리말 뜻을 고르세요.

1	해변 ☐	모래 ☐	**6**	모래 ☐	사막 ☐
2	나무 ☐	별 ☐	**7**	달 ☐	해 ☐
3	원숭이 ☐	사자 ☐	**8**	기린 ☐	코끼리 ☐
4	자전거 ☐	자동차 ☐	**9**	트럭 ☐	배 ☐
5	기차 ☐	비행기 ☐	**10**	수박 ☐	과일 ☐

C. 퍼즐에 '숨어 있는 영단어'를 모두 찾아 ◯표 하세요.

빈칸에 영단어를 채워 보세요!

숨어 있는 영단어

1 곰 ☐☐☐☐

2 보트 ☐☐☐☐

3 꽃 ☐☐☐☐☐☐

4 키위 ☐☐☐☐

5 강 ☐☐☐☐☐

6 지하철 ☐☐☐☐☐☐

b	o	a	t	w	c	r	g
e	a	j	f	r	y	i	q
a	q	e	l	d	p	v	j
r	a	f	o	i	z	e	m
x	w	s	w	f	p	r	o
k	n	i	e	u	k	u	a
c	k	p	r	s	r	d	z
l	x	s	u	b	w	a	y

가로, 세로, 대각선에 영단어 6개가 숨어 있어요!

Day 19 One Day | Commands

37. One Day 하루

두 번 이상 써 보세요.

morning 아침	☐orning
afternoon 오후	a☐ternoon
evening 저녁	ev☐ning
night 밤	ni☐ht
day 날, 낮	da☐

38. Commands 명령

큰 소리로 읽으며 쓰고 있지요?

close the door 문을 닫다	clo☐e the door
open the door 문을 열다	o☐en the door
come here 여기로 오다	co☐e here
sit down 앉다	s☐t down
stand up 일어서다	st☐nd up

3 빈칸은 채우고 문장으로 말하자

Good [   ].
좋은 아침이야.

Good [   ].
좋은 오후야.

Good [   ].
좋은 저녁이야.

Good [   ].
좋은 밤이야.

[   ] [   ].
좋은 날이야.

[   ], please.
문을 닫아 줘.

[   ], please.
문을 열어 줘.

[   ], please.
여기로 와 줘.

[   ], please.
앉아 줘.

[   ], please.
일어서 줘.

도전! 영단어 TEST

우리말은 알맞은 영단어를,
영단어는 우리말 뜻을 쓰세요.

① 밤
_____

② 문을 닫다
_____

③ 저녁
_____

④ 일어서다
_____

⑤ 문을 열다
_____

⑥ afternoon
_____

⑦ come here
_____

⑧ day
_____

⑨ sit down
_____

⑩ morning
_____

★ [Day 18]에서 배웠어요!
⑪ watermelon
_____

⑫ 기차

Day 20 Suggestions | Sports

1 빈칸을 채우며 듣자

39. Suggestions 제안

go 가다	☐o
meet 만나다	m☐et
work 일하다	wo☐k
eat 먹다	e☐t
smile 미소 짓다	smil☐

40. Sports 운동

basketball 농구	bask☐tball
baseball 야구	ba☐eball
badminton 배드민턴	ba☐minton
tennis 테니스	te☐nis
soccer 축구	soc☐er

2 또박또박 쓰면서 외우자

두 번 이상 써 보세요.

큰 소리로 읽으며 쓰고 있지요?

3 빈칸은 채우고 문장으로 말하자

Let's [   ].
가자.

Let's [   ] soon.
곧 만나자.

Let's [   ].
일하자.

Let's [   ].
먹어.

[   ] [   ].
미소 짓자.

Let's play [   ].
농구를 하자.

Let's play [   ].
야구를 하자.

Let's play [   ].
배드민턴을 하자.

[   ] play [   ].
테니스를 하자.

Let's [   ] [   ].
축구를 하자.

A. 영단어는 우리말 뜻을, 우리말은 알맞은 영단어를 쓰세요.

One Day | Commands

1 morning _____

2 evening _____

3 day _____

4 open the door _____

5 sit down _____

6 오후 _____

7 밤 _____

8 문을 닫다 _____

9 여기로 오다 _____

10 일어서다 _____

Suggestions | Sports

11 go _____

12 work _____

13 smile _____

14 baseball _____

15 tennis _____

16 만나다 _____

17 먹다 _____

18 농구 _____

19 배드민턴 _____

20 축구 _____

One Day | Commands | Suggestions | Sports

21 night _____

22 close the door _____

23 afternoon _____

24 meet _____

25 stand up _____

26 아침 _____

27 문을 열다 _____

28 야구 _____

29 테니스 _____

30 날, 낮 _____

QR을 찍으면
음원이 나와요~

1 아침 □ | 오후 □   6 밤 □ | 날, 낮 □

2 문을 닫다 □ | 문을 열다 □   7 앉다 □ | 일어서다 □

3 테니스 □ | 배드민턴 □   8 농구 □ | 야구 □

4 미소 짓다 □ | 일하다 □   9 먹다 □ | 만나다 □

5 여기로 오다 □ | 가다 □   10 오후 □ | 저녁 □

C. 퍼즐에 '숨어 있는 영단어'를 모두 찾아 ◯표 하세요.

빈칸에 영단어를 채워 보세요!   숨어 있는 영단어

1 미소 짓다 □□□□□   4 야구 □□□□□□□□

2 일하다 □□□□   5 축구 □□□□□□

3 만나다 □□□□   6 저녁 □□□□□□□

g	e	b	i	c	m	j	f
w	v	a	f	s	u	b	e
o	e	s	o	c	c	e	r
r	n	e	s	b	b	g	o
k	i	b	m	m	z	y	t
g	n	a	i	b	h	e	q
d	g	l	l	o	e	y	k
g	h	l	e	m	g	l	d

가로, 세로, 대각선에 영단어 6개가 숨어 있어요!

교과서 속 숨겨진 어휘

● 1~21까지 숫자와 순서 수 알아두기

'숫자'와 '순서 수'를 영어로 읽는 법을 배워 봅시다. 우리가 바구니 속 사과의 개수를 나타낼 때는 하나(one), 둘(two), 셋(three)와 같이 셉니다. 여기서 '숫자'는 수 또는 양을 나타냅니다. 그리고 첫 번째(first), 두 번째(second), 세 번째(third)와 같이 순서를 나타내는 수를 '순서 수'라고 합니다.

숫자		순서 수	
1	one	1st	first
2	two	2nd	second
3	three	3rd	third
4	four	4th	fourth
5	five	5th	fifth
6	six	6th	sixth
7	seven	7th	seventh
8	eight	8th	eighth
9	nine	9th	ninth
10	ten	10th	tenth
11	eleven	11th	eleventh
12	twelve	12th	twelfth
13	thirteen	13th	thirteenth
14	fourteen	14th	fourteenth
15	fifteen	15th	fifteenth
16	sixteen	16th	sixteenth
17	seventeen	17th	seventeenth
18	eighteen	18th	eighteenth
19	nineteen	19th	nineteenth
20	twenty	20th	twentieth
21	twenty-one	21st	twenty first

둘째 마당
4학년 영단어
트레이닝

 주제별로 배우는 초등 4학년 필수 영단어

Day 21 Family 1 | Family 2

2 또박또박 쓰면서 외우자

41. Family 1 가족 1

mother 어머니	☐other
father 아버지	fat☐er
son 아들	so☐
daughter 딸	da☐ghter
parent 부모	pa☐ent

두 번 이상 써 보세요.

42. Family 2 가족 2

aunt 고모, 이모, 숙모	a☐nt
uncle 삼촌, 아저씨	☐ncle
grandfather 할아버지	gran☐father
grandmother 할머니	grandm☐ther
grandparent 조부모	grandp☐rent

큰 소리로 읽으며 쓰고 있지요?

3 빈칸은 채우고 문장으로 말하자

This is my [　　　].
이 분은 내 어머니이다.

This is my [　　　].
이 분은 내 아버지이다.

This is my [　　　].
이 사람은 내 아들이다.

[　　　] is my [　　　].
이 사람은 내 딸이다.

These are [　] [　　　]s.
이 분들은 내 부모님(들)이다.

She is my [　　　].
그녀는 내 이모이다.

He is my [　　　].
그는 내 삼촌이다.

He is my [　　　].
그는 내 할아버지이다.

[　　　] is my [　　　].
그녀는 내 할머니이다.

They are [　] [　　　]s.
그들은 내 조부모님(들)이다.

도전! 영단어 TEST

우리말은 알맞은 영단어를,
영단어는 우리말 뜻을 쓰세요.

❶ 할아버지
_____

❷ 할머니
_____

❸ 조부모
_____

❹ 부모
_____

❺ 딸
_____

❻ aunt
_____

❼ uncle
_____

❽ son
_____

❾ mother
_____

❿ father
_____

★ [Day 20]에서 배웠어요!
⓫ smile
_____

⓬ 배드민턴
_____

Day 22 Jobs | Adjectives

43. Jobs 직업

singer 가수	☐inger

➕ 'sing(노래하다) + er'이 가수인 것처럼 〈동사 + er〉은 보통 직업을 나타내요.

dancer 춤꾼, 댄서 — dan☐er

driver 운전기사 — dri☐er

writer 작가 — wr☐ter

farmer 농부 — fa☐mer

44. Adjectives 형용사

sick 아픈 — s☐ck

full 배부른 — f☐ll

sleepy 졸린 — sleep☐

mad 몹시 화가 난 — m☐d

busy 바쁜 — bu☐y

✏️ 두 번 이상 써 보세요.

✏️ 큰 소리로 읽으며 쓰고 있지요?

3 빈칸은 채우고 문장으로 말하자

She's a [   ].

그녀는 가수이다.

He's a [   ].

그는 댄서이다.

She's a [   ].

그녀는 운전기사이다.

He's a [   ].

그는 작가이다.

[   ] a [   ].

그녀는 농부이다.

I'm [   ].

나는 아프다.

I'm [   ].

나는 배부르다.

I'm [   ].

나는 졸리다.

I'm [   ].

나는 몹시 화가 난다.

[   ] [   ].

나는 바쁘다.

우리말은 알맞은 영단어를,
영단어는 우리말 뜻을 쓰세요.

❶ 농부

_____

❷ 배부른

_____

❸ 운전기사

_____

❹ 졸린

_____

❺ 가수

_____

❻ dancer

_____

❼ writer

_____

❽ mad

_____

❾ busy

_____

❿ sick

_____

★ [Day 21]에서 배웠어요!

⓫ daughter

_____

⓬ 아들

_____

68

Feelings | Seven Days

1 빈칸을 채우며 듣자

45. Feelings 감정

afraid 두려운	☐fraid
excited 신난	ex☐ited
surprised 놀란	surp☐ised
tired 피곤한	t☐red
sure 확신하는	s☐re

46. Seven Days 일주일

| Monday 월요일 | ☐onday |

⊕ 요일은 첫 글자를 대문자로 써야 해요.

Tuesday 화요일	Tu☐sday
Wednesday 수요일	We☐nesday
Thursday 목요일	Thu☐sday
Friday 금요일	F☐iday
Saturday 토요일	☐aturday
Sunday 일요일	Su☐day

2 또박또박 쓰면서 외우자

🚀 두 번 이상 써 보세요.

🚀 큰 소리로 읽으며 쓰고 있지요?

3 빈칸을 채우고 문장으로 말하자

Are you [   ]?
너는 두려우니?

Are you [   ]?
너는 신나니?

Are you [   ]?
너는 놀라니?

Are [   ] [   ]?
너는 피곤하니?

[   ] you [   ]?
너는 확신하니?

It's [   ].
월요일이다.

It's [   ].
화요일이다.

It's [   ].
수요일이다.

It's [   ].
목요일이다.

It's [   ].
금요일이다.

It's [   ].
토요일이다.

[   ] [   ].
일요일이다.

70

도전! 영단어 TEST

우리말은 알맞은 영단어를,
영단어는 우리말 뜻을 쓰세요.

❶ 화요일 _____

❷ 두려운 _____

❸ 수요일 _____

❹ 목요일 _____

❺ 피곤한 _____

❻ 토요일 _____

❼ excited _____

❽ Sunday _____

❾ surprised _____

❿ Monday _____

⓫ Friday _____

⓬ sure _____

A. 영단어는 우리말 뜻을, 우리말은 알맞은 영단어를 쓰세요.

Family 1 | Family 2

1 mother _____

2 son _____

3 parent _____

4 aunt _____

5 grandmother _____

6 아버지 _____

7 딸 _____

8 삼촌, 아저씨 _____

9 할아버지 _____

10 조부모 _____

Jobs | Adjectives

11 singer _____

12 driver _____

13 farmer _____

14 full _____

15 mad _____

16 춤꾼, 댄서 _____

17 작가 _____

18 아픈 _____

19 졸린 _____

20 바쁜 _____

Feelings | Seven Days

21 afraid _____

22 surprised _____

23 sure _____

24 Tuesday _____

25 Thursday _____

26 Saturday _____

27 신난 _____

28 피곤한 _____

29 월요일 _____

30 수요일 _____

31 금요일 _____

32 일요일 _____

B. 들려주는 영단어에 해당하는 우리말 뜻을 고르세요.

1   아들 ☐ | 딸 ☐

2   할아버지 ☐ | 할머니 ☐

3   가수 ☐ | 작가 ☐

4   월요일 ☐ | 화요일 ☐

5   아픈 ☐ | 졸린 ☐

6   어머니 ☐ | 아버지 ☐

7   부모 ☐ | 조부모 ☐

8   운전기사 ☐ | 농부 ☐

9   수요일 ☐ | 목요일 ☐

10   배부른 ☐ | 바쁜 ☐

C. 퍼즐에 '숨어 있는 영단어'를 모두 찾아 ◯표 하세요.

빈칸에 영단어를
채워 보세요!

숨어 있는 영단어

1 두려운 ☐☐☐☐☐☐

2 춤꾼, 댄서 ☐☐☐☐☐☐

3 신난 ☐☐☐☐☐☐☐

4 몹시 화가 난 ☐☐☐

5 피곤한 ☐☐☐☐☐

6 고모, 이모, 숙모 ☐☐☐☐

u	z	m	a	d	r	c	h
h	t	w	l	e	a	j	h
u	e	x	c	i	t	e	d
l	h	n	e	f	d	z	t
g	a	f	r	a	i	d	a
d	h	t	i	r	e	d	u
z	v	z	l	k	o	v	n
q	d	x	w	s	d	h	t

가로, 세로,
대각선에 영단어
6개가 숨어 있어요!

Day 24 Daily Life | Drinks

빈칸을 채우며 듣자

또박또박 쓰면서 외우자

47. Daily Life 일상

두 번 이상 써 보세요.

breakfast
아침 식사

⬜reakfast

lunch
점심 식사

l⬜nch

dinner
저녁 식사

din⬜er

class
수업

cla⬜s

goodbye
안녕(작별 인사)

goodb⬜e

48. Drinks 음료

큰 소리로 읽으며 쓰고 있지요?

coffee
커피

co⬜fee

juice
주스

⬜uice

milk
우유

mil⬜

tea
차

te⬜

soda
탄산음료

so⬜a

3 빈칸은 채우고 문장으로 말하자

It's time for [＿＿＿＿＿].
아침 식사 시간이다.

It's time for [＿＿＿＿].
점심 식사 시간이다.

It's time for [＿＿＿＿].
저녁 식사 시간이다.

[＿＿＿] time for [＿＿＿＿].
수업 시간이다.

It's [＿＿＿] to say [＿＿＿＿].
헤어질 시간이다.

I drink [＿＿＿＿].
나는 커피를 마신다.

I drink [＿＿＿＿].
나는 주스를 마신다.

I drink [＿＿＿].
나는 우유를 마신다.

[＿] drink [＿＿＿].
나는 차를 마신다.

I [＿＿＿] [＿＿＿].
나는 탄산음료를 마신다.

Snacks | Things to Wear

1 빈칸을 채우며 듣자

49. Snacks 간식

chocolate 초콜릿	☐hocolate
cheese 치즈	che☐se
sandwich 샌드위치	sand☐ich
cookie 쿠키	cooki☐
sausage 소시지	sa☐sage

50. Things to Wear 입을 것

sweater 스웨터	swe☐ter
glove 장갑	☐love

➕ 한 쌍을 이루는 낱말은 gloves, socks, shoes와 같이 복수형으로 주로 써요.

sock 양말	so☐k
shoe 신발	s☐oe
scarf 스카프	scar☐

2 또박또박 쓰면서 외우자

✏️ 두 번 이상 써 보세요.

✏️ 큰 소리로 읽으며 쓰고 있지요?

3 빈칸은 채우고 문장으로 말하자

Do you want some [   ]**?**

초콜릿 좀 먹을래?

Do you want some [   ]**?**

치즈 좀 먹을래?

Do you want some [   ]**es?**

샌드위치 좀 먹을래?

Do [   ] **want some** [   ]**s?**

쿠키 좀 먹을래?

Do you [   ] **some** [   ]**s?**

소시지 좀 먹을래?

How much is the [   ]**?**

스웨터는 얼마니?

How much are the [   ]**s?**

장갑은 얼마니?

How much are the [   ]**s?**

양말은 얼마니?

How [   ] **are the** [   ]**s?**

신발은 얼마니?

[   ] **much is the** [   ]**?**

스카프는 얼마니?

1 빈칸을 채우며 듣자

51. Body 신체

hair
머리카락

☐air

tooth
이, 치아

to☐th

> ➕ tooth는 주로 복수형인 teeth로 말해요.

neck
목

ne☐k

lip
입술

li☐

tongue
혀

ton☐ue

52. Action 동작

see
보다

se☐

smell
냄새를 맡다

☐mell

taste
맛보다

tas☐e

hear
(소리를) 듣다

h☐ar

touch
만지다

tou☐h

2 또박또박 쓰면서 외우자

🚀 두 번 이상 써 보세요.

🚀 큰 소리로 읽으며 쓰고 있지요?

3 빈칸은 채우고 문장으로 말하자

I have [   ].

나는 머리카락이 있다.

⊕ tooth의 복수형으로 쓰세요.

I have [   ].

나는 이가 있다.

I have a [   ].

나는 목이 있다.

[   ] have [   ]s.

나는 입술이 있다.

I [   ] a [   ].

나는 혀가 있다.

I can't [   ].

나는 볼 수 없다.

I can't [   ].

나는 냄새를 맡을 수 없다.

I can't [   ].

나는 맛볼 수 없다.

[   ] can't [   ].

나는 들을 수 없다.

I [   ] [   ].

나는 만질 수 없다.

A. 영단어는 우리말 뜻을, 우리말은 알맞은 영단어를 쓰세요.

Daily Life | Drinks

1 breakfast _____

2 dinner _____

3 goodbye _____

4 juice _____

5 tea _____

6 점심 식사 _____

7 수업 _____

8 커피 _____

9 우유 _____

10 탄산음료 _____

Snacks | Things to Wear

11 chocolate _____

12 sandwich _____

13 sausage _____

14 glove _____

15 shoe _____

16 치즈 _____

17 쿠키 _____

18 스웨터 _____

19 양말 _____

20 스카프 _____

Body | Action

21 hair _____

22 neck _____

23 tongue _____

24 smell _____

25 hear _____

26 이, 치아 _____

27 입술 _____

28 보다 _____

29 맛보다 _____

30 만지다 _____

B. 들려주는 영단어에 해당하는 우리말 뜻을 고르세요.

1	아침 식사 ☐	점심 식사 ☐		6	저녁 식사 ☐	수업 ☐
2	우유 ☐	차 ☐		7	커피 ☐	탄산음료 ☐
3	치즈 ☐	샌드위치 ☐		8	쿠키 ☐	소시지 ☐
4	장갑 ☐	양말 ☐		9	이, 치아 ☐	혀 ☐
5	냄새를 맡다 ☐	맛보다 ☐		10	(소리를) 듣다 ☐	만지다 ☐

C. 퍼즐에 '숨어 있는 영단어'를 모두 찾아 ◯표 하세요.

빈칸에 영단어를
채워 보세요!

숨어 있는 영단어

1 머리카락 ☐☐☐☐

2 목 ☐☐☐☐

3 스카프 ☐☐☐☐☐

4 스웨터 ☐☐☐☐☐☐

5 보다 ☐☐☐

6 주스 ☐☐☐☐☐

w	h	t	v	m	e	u	n
m	s	k	k	c	s	e	e
k	z	w	i	r	s	f	c
y	p	u	e	e	r	b	k
k	j	e	h	a	i	r	f
l	z	n	c	v	t	n	h
p	f	s	n	k	e	e	f
p	b	b	n	u	m	l	r

가로, 세로,
대각선에 영단어
6개가 숨어 있어요!

Action | Nature

1 빈칸을 채우며 듣자

53. Action 동작

catch 잡다	☐atch
hit 치다	h☐t
pass 패스하다, 건네주다	pas☐
throw 던지다	thr☐w
kick (발로) 차다	ki☐k

54. Nature 자연

mountain 산	moun☐ain
waterfall 폭포	☐aterfall
sea 바다	se☐
hill 언덕	hi☐l
lake 호수	la☐e

2 또박또박 쓰면서 외우자

두 번 이상 써 보세요.

큰 소리로 읽으며 쓰고 있지요?

3 빈칸을 채우고 문장으로 말하자

I can [   ] a ball.
나는 공을 잡을 수 있다.

I can [   ] a ball.
나는 공을 칠 수 있다.

I can [   ] a ball.
나는 공을 패스할 수 있다.

I [   ] [   ] a ball.
나는 공을 던질 수 있다.

I can [   ] a [   ].
나는 공을 찰 수 있다.

We'll visit the [   ].
우리는 산을 방문할 것이다.

We'll visit the [   ].
우리는 폭포를 방문할 것이다.

We'll visit the [   ].
우리는 바다를 방문할 것이다.

[   ] visit the [   ].
우리는 언덕을 방문할 것이다.

We'll [   ] the [   ].
우리는 호수를 방문할 것이다.

Day 28 Adjectives | Time

55. Adjectives 형용사

high 높은	□igh
low 낮은	lo□
large 큰	la□ge
dark 어두운	□ark
quick 빠른	qu□ck

56. Time 시간

twenty 20, 스물	t□enty
thirty 30, 서른	thi□ty
forty 40, 마흔	f□rty
fifty 50, 쉰	fif□y
o'clock ~시	□'clock

⊕ of the clock의 줄임말이에요.

🖊 두 번 이상 써 보세요.

🖊 큰 소리로 읽으며 쓰고 있지요?

3 빈칸은 채우고 문장으로 말하자

It is [ ].
그것은 높다.

It is [ ].
그것은 낮다.

It is [ ].
그것은 크다.

[ ] is [ ].
그것은 어둡다.

It [ ] [ ].
그것은 빠르다.

It's two [ ].
2시 20분이다.

It's two [ ].
2시 30분이다.

It's two [ ].
2시 40분이다.

[ ] two [ ].
2시 50분이다.

It's [ ] [ ].
2시 정각이다.

도전! 영단어 TEST

우리말은 알맞은 영단어를,
영단어는 우리말 뜻을 쓰세요.

① 20, 스물
_____

② 낮은
_____

③ 30, 서른
_____

④ 어두운
_____

⑤ 40, 마흔
_____

⑥ quick
_____

⑦ fifty
_____

⑧ large
_____

⑨ o'clock
_____

⑩ high
_____

★ [Day 27]에서 배웠어요!
⑪ mountain
_____

⑫ 폭포
_____

Day 29 Weather | Seasons

1 빈칸을 채우며 듣자

57. Weather 날씨

warm 따뜻한	war□
hot 더운	□ot
wet 축축한	w□t
cold 추운	co□d
dry 건조한	d□y

58. Seasons 계절

spring 봄	s□ring
summer 여름	su□mer
fall 가을	□all
winter 겨울	win□er
season 계절	se□son

2 또박또박 쓰면서 외우자

두 번 이상 써 보세요.

큰 소리로 읽으며 쓰고 있지요?

85

3 빈칸은 채우고 문장으로 말하자

Today is [   ].

오늘은 따뜻하다.

Today is [   ].

오늘은 덥다.

Today is [   ].

오늘은 축축하다.

[   ] is [   ].

오늘은 춥다.

Today [   ] [   ].

오늘은 건조하다.

┌─ ➕ How's는 How is의 줄임말이에요.

How's the weather in [   ]?

봄에 날씨는 어때?

How's the weather in [   ]?

여름에 날씨는 어때?

How's the weather in [   ]?

가을에 날씨는 어때?

How's the [   ] in [   ]?

겨울에 날씨는 어때?

[   ] the weather in each [   ]?

각 계절에 날씨는 어때?

도전! 영단어 TEST

우리말은 알맞은 영단어를,
영단어는 우리말 뜻을 쓰세요.

❶ 여름

_____

❷ 따뜻한

_____

❸ 가을

_____

❹ 건조한

_____

❺ 추운

_____

❻ wet

_____

❼ winter

_____

❽ spring

_____

❾ hot

_____

❿ season

_____

★ [Day 28]에서 배웠어요!

⓫ large

_____

⓬ 50, 쉰

A. 영단어는 우리말 뜻을, 우리말은 알맞은 영단어를 쓰세요.

Action | Nature

1 catch _____

2 pass _____

3 kick _____

4 waterfall _____

5 hill _____

6 치다 _____

7 던지다 _____

8 산 _____

9 바다 _____

10 호수 _____

Adjectives | Time

11 high _____

12 large _____

13 quick _____

14 thirty _____

15 fifty _____

16 낮은 _____

17 어두운 _____

18 20, 스물 _____

19 40, 마흔 _____

20 ~시 _____

Weather | Seasons

21 warm _____

22 wet _____

23 dry _____

24 summer _____

25 winter _____

26 더운 _____

27 추운 _____

28 봄 _____

29 가을 _____

30 계절 _____

QR을 찍으면
음원이 나와요~

1　　잡다 ☐　｜　치다 ☐　　　　6　　던지다 ☐　｜　(발로) 차다 ☐

2　　산 ☐　｜　폭포 ☐　　　　7　　높은 ☐　｜　낮은 ☐

3　　20, 스물 ☐　｜　30, 서른 ☐　　　　8　　40, 마흔 ☐　｜　50, 쉰 ☐

4　　더운 ☐　｜　추운 ☐　　　　9　　축축한 ☐　｜　건조한 ☐

5　　봄 ☐　｜　여름 ☐　　　　10　　가을 ☐　｜　겨울 ☐

C. 퍼즐에 '숨어 있는 영단어'를 모두 찾아 ◯표 하세요.

빈칸에 영단어를
채워 보세요!

숨어 있는 영단어

1 패스하다, 건네주다 ☐☐☐☐

2 어두운 ☐☐☐☐

3 큰 ☐☐☐☐☐

4 20, 스물 ☐☐☐☐☐☐

5 따뜻한 ☐☐☐☐

6 계절 ☐☐☐☐☐☐

s	o	d	x	s	s	e	h
a	w	v	a	i	e	n	x
y	m	a	s	g	a	t	m
g	d	a	r	k	s	w	r
j	p	a	b	m	o	e	c
c	l	a	r	t	n	n	o
v	n	h	s	q	v	t	a
o	m	e	f	s	x	y	b

가로, 세로,
대각선에 영단어
6개가 숨어 있어요!

Day 30 Clothes | Parties

1 빈칸을 채우며 듣자

59. Clothes 옷

coat 외투	☐oat
shirt 셔츠	s☐irt
jacket 재킷	jac☐et
blouse 블라우스	blou☐e
skirt 치마	ski☐t

60. Parties 파티

birthday 생일	birt☐day
candle 초	can☐le
cake 케이크	c☐ke
present 선물	pre☐ent
balloon 풍선	ball☐on

2 또박또박 쓰면서 외우자

두 번 이상 써 보세요.

큰 소리로 읽으며 쓰고 있지요?

3 빈칸은 채우고 문장으로 말하자

Put on your [____].
네 외투를 입어.

Put on your [____].
네 셔츠를 입어.

Put on your [____].
네 재킷을 입어.

[____] on your [____].
네 블라우스를 입어.

Put [__] your [____].
네 치마를 입어.

This is your [____].
네 생일이다.

This is your [____].
이것은 네 초다.

This is your [____].
이것은 네 케이크이다.

[____] is your [____].
이것은 네 선물이다.

This is [____] [____].
이것은 네 풍선이다.

❶ 선물
_____

❷ 초
_____

❸ 셔츠
_____

❹ 치마
_____

❺ 케이크
_____

❻ blouse
_____

❼ jacket
_____

❽ balloon
_____

❾ birthday
_____

❿ coat
_____

★ [Day 29]에서 배웠어요!
⓫ warm
_____

⓬ 계절
_____

Day 31 My Things | Position

61. My Things 내 물건

phone 전화기	☐hone
hairband 머리띠	hai☐band
glasses 안경	glass☐s
tape 테이프	ta☐e
notebook 공책	no☐ebook

62. Position 위치

on ~위에	☐n
in ~안에	i☐
under ~아래에	un☐er
next to ~옆에	ne☐t to
in front of ~앞에	in fro☐t of

✏️ 두 번 이상 써 보세요.

✏️ 큰 소리로 읽으며 쓰고 있지요?

3 빈칸은 채우고 문장으로 말하자

Where is my [   ] ?

내 전화기가 어디에 있지?

Where is my [   ] ?

내 머리띠는 어디에 있지?

Where are my [   ] ?

내 안경은 어디에 있지?

[   ] is my [   ] ?

내 테이프는 어디에 있지?

Where [   ] my [   ] ?

내 공책은 어디에 있지?

The cat is [   ] the box.

고양이는 상자 위에 있다.

The cat is [   ] the box.

고양이는 상자 안에 있다.

The cat is [   ] the box.

고양이는 상자 아래에 있다.

The [   ] is [   ] the box.

고양이는 상자 옆에 있다.

The cat is [   ] the [   ].

고양이는 상자 앞에 있다.

Animals 1 | Animals 2

1 빈칸을 채우며 듣자

63. Animals 1 동물 1

panda
판다

☐ anda

tiger
호랑이

ti ☐ er

fox
여우

fo ☐

wolf
늑대

☐ olf

deer
사슴

de ☐ r

64. Animals 2 동물 2

sheep
양

s ☐ eep

goat
염소

go ☐ t

goose
거위

go ☐ se

snail
달팽이

s ☐ ail

goldfish
금붕어

gold ☐ ish

2 또박또박 쓰면서 외우자

✏️ 두 번 이상 써 보세요.

✏️ 큰 소리로 읽으며 쓰고 있지요?

I can't find a [   ].

나는 판다를 찾을 수 없다.

I can't find a [   ].

나는 호랑이를 찾을 수 없다.

I can't find a [   ].

나는 여우를 찾을 수 없다.

I [   ] find a [   ].

나는 늑대를 찾을 수 없다.

I can't [   ] a [   ].

나는 사슴을 찾을 수 없다.

There is a [   ].

양이 있다.

There is a [   ].

염소가 있다.

There is a [   ].

거위가 있다.

[   ] is a [   ].

달팽이가 있다.

There [   ] a [   ].

금붕어가 있다.

도전! 영단어 TEST

우리말은 알맞은 영단어를,
영단어는 우리말 뜻을 쓰세요.

❶ 거위

_____

❷ 금붕어

_____

❸ 염소

_____

❹ 여우

_____

❺ 늑대

_____

❻ panda

_____

❼ tiger

_____

❽ sheep

_____

❾ deer

_____

❿ snail

_____

★ [Day 31]에서 배웠어요!

⓫ under

_____

⓬ 전화기

_____

94

A. 영단어는 우리말 뜻을, 우리말은 알맞은 영단어를 쓰세요.

Clothes | Parties

1 coat _____

2 jacket _____

3 skirt _____

4 candle _____

5 present _____

6 셔츠 _____

7 블라우스 _____

8 생일 _____

9 케이크 _____

10 풍선 _____

My Things | Position

11 phone _____

12 glasses _____

13 notebook _____

14 in _____

15 next to _____

16 머리띠 _____

17 테이프 _____

18 ~위에 _____

19 ~아래에 _____

20 ~앞에 _____

Animals 1 | Animals 2

21 panda _____

22 fox _____

23 deer _____

24 goat _____

25 snail _____

26 호랑이 _____

27 늑대 _____

28 양 _____

29 거위 _____

30 금붕어 _____

B. 들려주는 영단어에 해당하는 우리말 뜻을 고르세요.

QR을 찍으면 음원이 나와요~

1	전화기 ☐	머리띠 ☐	**6**	안경 ☐	공책 ☐
2	~위에 ☐	~안에 ☐	**7**	판다 ☐	호랑이 ☐
3	여우 ☐	늑대 ☐	**8**	양 ☐	염소 ☐
4	달팽이 ☐	금붕어 ☐	**9**	외투 ☐	재킷 ☐
5	생일 ☐	초 ☐	**10**	선물 ☐	풍선 ☐

C. 퍼즐에 '숨어 있는 영단어'를 모두 찾아 ◯표 하세요.

빈칸에 영단어를 채워 보세요!　　　숨어 있는 영단어

1 블라우스 ☐☐☐☐☐☐

2 사슴 ☐☐☐

3 거위 ☐☐☐☐

4 테이프 ☐☐☐☐

5 선물 ☐☐☐☐☐☐☐

6 ~아래에 ☐☐☐☐☐

o	o	t	e	v	m	y	p
p	u	n	d	e	r	e	a
r	r	k	r	j	s	k	e
e	h	r	t	u	s	s	d
s	t	h	o	a	o	q	e
e	u	l	a	o	p	m	e
n	b	r	g	o	g	e	r
t	k	x	z	b	b	b	e

가로, 세로, 대각선에 영단어 6개가 숨어 있어요!

Day 33 Adjectives | Jobs

1 빈칸을 채우며 듣자

65. Adjectives 형용사

fast 빠른	☐ast
slow 느린	s☐ow
dirty 더러운	dir☐y
clean 깨끗한	cl☐an
good 좋은	go☐d

66. Jobs 직업

doctor 의사	do☐tor
teacher 선생님	teac☐er
chef 요리사	che☐
firefighter 소방관	firefigh☐er
police officer 경찰관	police ☐fficer

2 또박또박 쓰면서 외우자

두 번 이상 써 보세요.

큰 소리로 읽으며 쓰고 있지요?

97

3 빈칸은 채우고 문장으로 말하자

It looks [   ].
그것은 빨라 보인다.

It looks [   ].
그것은 느려 보인다.

It looks [   ].
그것은 더러워 보인다.

[   ] looks [   ].
그것은 깨끗해 보인다.

It [   ] [   ].
그것은 좋아 보인다.

They are [   ]s.
그들은 의사(들)이다.

They are [   ]s.
그들은 선생님(들)이다.

They are [   ]s.
그들은 요리사(들)이다.

[   ] are [   ]s.
그들은 소방관(들)이다.

They [   ] [   ]s.
그들은 경찰관(들)이다.

도전! 영단어 TEST

우리말은 알맞은 영단어를,
영단어는 우리말 뜻을 쓰세요.

❶ 경찰관

❷ 깨끗한

❸ 소방관

❹ 더러운

❺ 느린

❻ fast

❼ doctor

❽ chef

❾ teacher

❿ good

★ [Day 32]에서 배웠어요!
⓫ goose

⓬ 판다

도전! 영단어 TEST

Day 34 Places | What to Do

67. Places 장소

두 번 이상 써 보세요.

hospital 병원	hos▢ital
school 학교	sc▢ool
restaurant 식당	res▢aur▢nt
fire station 소방서	fi▢e stat▢on
police station 경찰서	p▢lice s▢ation

68. What to Do 하는 일

큰 소리로 읽으며 쓰고 있지요?

save people 사람들을 구하다	sa▢e pe▢ple
teach students 학생들을 가르치다	t▢ach stu▢ents
make food 음식을 만들다	ma▢e f▢od
put out fires 불을 끄다	p▢t out ▢ires
help people 사람들을 돕다	hel▢ peo▢le

3 빈칸은 채우고 문장으로 말하자

I work at a ⬚.
나는 병원에서 일한다.

I work at a ⬚.
나는 학교에서 일한다.

I work at a ⬚.
나는 식당에서 일한다.

I ⬚ at a ⬚.
나는 소방서에서 일한다.

I work ⬚ a ⬚.
나는 경찰서에서 일한다.

I ⬚.
나는 사람들을 구한다.

I ⬚.
나는 학생들을 가르친다.

I ⬚.
나는 음식을 만든다.

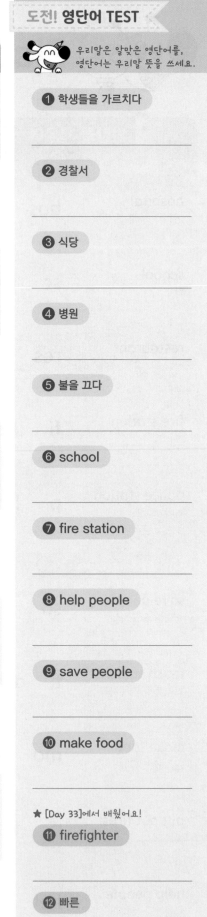

I ⬚.
나는 불을 끈다.

I ⬚.
나는 사람들을 돕는다.

도전! 영단어 TEST

우리말은 알맞은 영단어를,
영단어는 우리말 뜻을 쓰세요.

❶ 학생들을 가르치다
_____

❷ 경찰서
_____

❸ 식당
_____

❹ 병원
_____

❺ 불을 끄다
_____

❻ school
_____

❼ fire station
_____

❽ help people
_____

❾ save people
_____

❿ make food
_____

★ [Day 33]에서 배웠어요!
⓫ firefighter
_____

⓬ 빠른

Day 35 Taste | People

1 빈칸을 채우며 듣자

69. Taste 맛

sweet 달콤한	sw◻et
sour (맛이) 신	so◻r
spicy 매운	spi◻y
salty (맛이) 짠	sa◻ty
delicious 맛있는	d◻licious

70. People 사람들

boy 소년	◻oy
girl 소녀	gi◻l
man 남자	m◻n
woman 여자	wo◻an
people 사람들	p◻ople

2 또박또박 쓰면서 외우자

두 번 이상 써 보세요.

큰 소리로 읽으며 쓰고 있지요?

3 빈칸을 채우고 문장으로 말하자

It tastes [   ].
그것은 달콤한 맛이 난다.

It tastes [   ].
그것은 신맛이 난다.

It tastes [   ].
그것은 매운맛이 난다.

[   ] tastes [   ].
그것은 짠맛이 난다.

It [   ] [   ].
그것은 맛있다.(그것은 맛있는 맛이 난다.)

Look at the [   ].
소년을 봐.

Look at the [   ].
소녀를 봐.

Look at the [   ].
남자를 봐.

[   ] at the [   ].
여자를 봐.

Look [   ] the [   ].
사람들을 봐.

도전! 영단어 TEST

우리말은 알맞은 영단어를,
영단어는 우리말 뜻을 쓰세요.

❶ 남자

_____

❷ 맛있는

_____

❸ 달콤한

_____

❹ 소녀

_____

❺ (맛이) 신

_____

❻ salty

_____

❼ people

_____

❽ spicy

_____

❾ woman

_____

❿ boy

_____

★ [Day 34]에서 배웠어요!
⓫ help people

_____

⓬ 식당

_____

A. 영단어는 우리말 뜻을, 우리말은 알맞은 영단어를 쓰세요.

Adjectives | Jobs

1 fast _____

2 dirty _____

3 good _____

4 teacher _____

5 firefighter _____

6 느린 _____

7 깨끗한 _____

8 의사 _____

9 요리사 _____

10 경찰관 _____

Places | What to Do

11 hospital _____

12 restaurant _____

13 police station _____

14 teach students _____

15 put out fires _____

16 학교 _____

17 소방서 _____

18 사람들을 구하다 _____

19 음식을 만들다 _____

20 사람들을 돕다 _____

Taste | People

21 sweet _____

22 spicy _____

23 delicious _____

24 girl _____

25 woman _____

26 (맛이) 신 _____

27 (맛이) 짠 _____

28 소년 _____

29 남자 _____

30 사람들 _____

B. 들려주는 영단어에 해당하는 우리말 뜻을 고르세요.

1 병원 ☐ | 식당 ☐

2 학생들을 가르치다 ☐ | 음식을 만들다 ☐

3 달콤한 ☐ | 맛있는 ☐

4 의사 ☐ | 요리사 ☐

5 더러운 ☐ | 깨끗한 ☐

6 소방서 ☐ | 경찰서 ☐

7 불을 끄다 ☐ | 사람들을 돕다 ☐

8 매운 ☐ | (맛이) 짠 ☐

9 빠른 ☐ | 느린 ☐

10 소방관 ☐ | 경찰관 ☐

C. 퍼즐에 '숨어 있는 영단어'를 모두 찾아 ◯표 하세요.

빈칸에 영단어를
채워 보세요!

숨어 있는 영단어

1 (맛이) 짠 ☐☐☐☐☐

2 소년 ☐☐☐

3 사람들 ☐☐☐☐☐☐

4 학교 ☐☐☐☐☐☐

5 선생님 ☐☐☐☐☐☐☐

6 (맛이) 신 ☐☐☐☐

n	p	k	f	e	j	x	q
t	e	a	c	h	e	r	e
r	i	b	b	g	t	r	p
y	s	c	h	o	o	l	e
j	d	y	c	h	y	f	o
b	v	s	o	u	r	y	p
n	k	e	z	q	l	w	l
s	a	l	t	y	d	v	e

가로, 세로,
대각선에 영단어
6개가 숨어 있어요!

Day 36 Doing | Commands

1 빈칸을 채우며 듣자

71. Doing 하고 있는 것

cook 요리하다	☐ook
jog 조깅하다	jo☐
study 공부하다	st☐dy
sing 노래하다	si☐g
laugh (소리 내어) 웃다	lau☐h

72. Commands 명령

listen (귀 기울여) 듣다	list☐n
wait 기다리다	w☐it
go to bed 자러 가다	go to b☐d
brush your teeth 네 이를 닦다	br☐sh your t☐eth
be quiet 조용히 하다	be ☐uiet

2 또박또박 쓰면서 외우자

✏️ 두 번 이상 써 보세요.

✏️ 큰 소리로 읽으며 쓰고 있지요?

3 빈칸은 채우고 문장으로 말하자

I'm [   ]ing.

나는 요리하고 있다.

I'm [   ]ging.

나는 조깅하고 있다. ⊕ jog와 같이 「단모음 + 단자음」으로 끝나는 동사는 마지막 자음을 하나 더 쓰고 ⊕ -ing로 써요.

I'm [   ]ing.

나는 공부하고 있다.

I'm [   ]ing.

나는 노래하고 있다.

[   ] [   ]ing.

나는 웃고 있다.

[   ], please.

들어 줘.

[   ], please.

기다려 줘.

[   ], please.

자러 가도록 해.

[   ], please.

네 이(들)을 닦도록 해.

[   ], [   ].

조용히 해 줘.

도전! 영단어 TEST

우리말은 알맞은 영단어를, 영단어는 우리말 뜻을 쓰세요.

❶ 공부하다

_____

❷ 기다리다

_____

❸ 요리하다

_____

❹ 노래하다

_____

❺ 자러 가다

_____

❻ jog

_____

❼ listen

_____

❽ be quiet

_____

❾ laugh

_____

❿ brush your teeth

_____

★ [Day 35]에서 배웠어요!

⓫ sweet

_____

⓬ 소년

_____

106

Day 37 Don't | Future

1 빈칸을 채우며 듣자

73. Don't 금지

sit 앉다	☐it
leave 떠나다	l☐ave
talk 말하다	ta☐k
enter 들어가다	e☐ter
worry 걱정하다	wo☐ry

74. Future 미래

travel 여행하다	tra☐el
visit 방문하다	☐isit
go fishing 낚시하러 가다	go fis☐ing
go shopping 쇼핑하러 가다	go sh☐pping
stay home 집에 머무르다	s☐ay hom☐

2 또박또박 쓰면서 외우자

두 번 이상 써 보세요.

큰 소리로 읽으며 쓰고 있지요?

3 빈칸은 채우고 문장으로 말하자

Don't [ ].
앉지 마.

Don't [ ].
떠나지 마.

Don't [ ].
말하지 마.

Don't [ ].
들어가지 마.

[ ] [ ].
걱정하지 마.

┌─ ➕ I'll은 I will의 줄임말이에요.
I'll [ ].
나는 여행을 할 것이다.

I'll [ ] my grandparents.
나는 조부모님(들)을 방문할 것이다.

I'll [ ].
나는 낚시하러 갈 것이다.

I'll [ ].
나는 쇼핑하러 갈 것이다.

[ ] [ ].
나는 집에 있을 것이다.

도전! 영단어 TEST

우리말은 알맞은 영단어를,
영단어는 우리말 뜻을 쓰세요.

❶ 여행하다
_____

❷ 낚시하러 가다
_____

❸ 떠나다
_____

❹ 방문하다
_____

❺ 집에 머무르다
_____

❻ go shopping
_____

❼ talk
_____

❽ enter
_____

❾ sit
_____

❿ worry
_____

★ [Day 36]에서 배웠어요!
⓫ go to bed
_____

⓬ (소리 내어) 웃다
_____

Day 38 Verbs | Asking

75. Verbs 동사

find 찾다	☐ind
know 알다	k☐ow
get 얻다	☐et
guess 추측하다	g☐ess
think of ~에 대해 생각하다	thin☐ of

76. Asking 허락

use 사용하다	☐se
take 가지고 가다	t☐ke
try 해 보다	t☐y
borrow 빌리다	bo☐row
come in 들어가다	co☐e in

두 번 이상 써 보세요.

큰 소리로 읽으며 쓰고 있지요?

3 빈칸은 채우고 문장으로 말하자

I can [   ] the answer.
나는 답을 찾을 수 있다.

I can [   ] the answer.
나는 답을 알 수 있다.

I can [   ] the answer.
나는 답을 얻을 수 있다.

I [   ] [   ] the answer.
나는 답을 추측할 수 있다.

I can [   ] the [   ].
나는 답에 대해 생각해 볼 수 있다.

Can I [   ] it?
그것을 사용해도 되니?

Can I [   ] it?
그것을 가져 가도 되니?

Can I [   ] it?
그것을 해 봐도 되니?

[   ] I [   ] it?
그것을 빌려도 되니?

Can [   ] [   ]?
들어가도 되니?

110

A. 영단어는 우리말 뜻을, 우리말은 알맞은 영단어를 쓰세요.

Doing | Commands

1 cook   _____

2 study   _____

3 laugh   _____

4 wait   _____

5 brush your teeth _____

6 조깅하다   _____

7 노래하다   _____

8 (귀 기울여) 듣다 _____

9 자러 가다   _____

10 조용히 하다 _____

Don't | Future

11 sit   _____

12 talk   _____

13 enter   _____

14 visit   _____

15 go shopping _____

16 떠나다   _____

17 걱정하다   _____

18 여행하다   _____

19 낚시하러 가다 _____

20 집에 머무르다 _____

Verbs | Asking

21 find   _____

22 get   _____

23 think of   _____

24 take   _____

25 come in   _____

26 알다   _____

27 추측하다   _____

28 사용하다   _____

29 해 보다   _____

30 빌리다   _____

B. 들려주는 영단어에 해당하는 우리말 뜻을 고르세요.

1	요리하다 ☐	조깅하다 ☐
2	(귀 기울여) 듣다 ☐	기다리다 ☐
3	앉다 ☐	떠나다 ☐
4	찾다 ☐	알다 ☐
5	해 보다 ☐	사용하다 ☐

6	공부하다 ☐	(소리 내어) 웃다 ☐
7	네 이를 닦다 ☐	조용히 하다 ☐
8	여행하다 ☐	방문하다 ☐
9	추측하다 ☐	얻다 ☐
10	빌리다 ☐	들어가다 ☐

C. 퍼즐에 '숨어 있는 영단어'를 모두 찾아 ◯표 하세요.

빈칸에 영단어를
채워 보세요!

숨어 있는 영단어

1 알다 ☐☐☐☐

2 걱정하다 ☐☐☐☐☐

3 여행하다 ☐☐☐☐☐☐

4 빌리다 ☐☐☐☐☐☐

5 노래하다 ☐☐☐☐

6 추측하다 ☐☐☐☐☐

t	l	u	l	w	i	r	w
g	u	e	s	s	b	g	d
t	o	t	h	k	o	u	a
s	r	s	g	n	r	e	q
b	s	a	w	o	r	r	y
r	i	n	v	w	o	s	j
p	n	g	j	e	w	l	c
l	g	h	g	k	l	i	n

가로, 세로,
대각선에 영단어
6개가 숨어 있어요!

Day 39 Instruments | Places

1 빈칸을 채우며 듣자

77. Instruments 악기

piano
피아노
☐iano

violin
바이올린
vi☐lin

guitar
기타
g☐itar

drum
드럼
dru☐

cello
첼로
☐ello

78. Places 장소

park
공원
☐ark

library
도서관
libra☐y

church
교회
ch☐rch

mall
쇼핑몰
☐all

zoo
동물원
zo☐

2 또박또박 쓰면서 외우자

두 번 이상 써 보세요.

큰 소리로 읽으며 쓰고 있지요?

3 빈칸은 채우고 문장으로 말하자

I can play the [   ].

나는 피아노를 연주할 수 있다.

I can play the [   ].

나는 바이올린을 연주할 수 있다.

I can play the [   ].

나는 기타를 연주할 수 있다.

I [   ] play the [   ].

나는 드럼을 연주할 수 있다.

I can [   ] the [   ].

나는 첼로를 연주할 수 있다.

Let's go to the [   ].

공원으로 가자.

Let's go to the [   ].

도서관으로 가자.

Let's go to the [   ].

교회로 가자.

[   ] go to the [   ].

쇼핑몰로 가자.

Let's [   ] to the [   ].

동물원으로 가자.

❶ 도서관 _____

❷ 교회 _____

❸ 동물원 _____

❹ 바이올린 _____

❺ 첼로 _____

❻ guitar _____

❼ piano _____

❽ drum _____

❾ mall _____

❿ park _____

★ [Day 38]에서 배웠어요!

⓫ guess _____

⓬ 가지고 가다 _____

Day 40 In a House | Habits

1 빈칸을 채우며 듣자

79. In a House 집에서

bedroom
침실
[ ]edroom

living room
거실
li[ ]ing room

bathroom
욕실
bat[ ]room

kitchen
부엌
ki[ ]chen

garden
정원
gar[ ]en

80. Habits 습관

wash my hands
내 손을 씻다
w[ ]sh my hand[ ]

eat breakfast
아침을 먹다
e[ ]t br[ ]akfast

➕ 'have breakfast'라고도 말해요.

ride my bike
내 자전거를 타다
ri[ ]e my bik[ ]

watch TV
TV를 보다
w[ ]tch TV

clean my room
내 방을 청소하다
[ ]lean my [ ]oom

2 또박또박 쓰면서 외우자

🖊 두 번 이상 써 보세요.

🖊 큰 소리로 읽으며 쓰고 있지요?

3 빈칸을 채우고 문장으로 말하자

Look around the [   ].

침실을 둘러 봐.

Look around the [   ].

거실을 둘러 봐.

Look around the [   ].

욕실을 둘러 봐.

[   ] around the [   ].

부엌을 둘러 봐.

Look [   ] the [   ].

정원을 둘러 봐.

I [   ] every day.

나는 매일 내 손을 씻는다.

I [   ] every day.

나는 매일 아침을 먹는다.

I [   ] every day.

나는 매일 내 자전거를 탄다.

[ ] [   ] every day.

나는 매일 TV를 본다.

I [   ] every day.

나는 매일 내 방을 청소한다.

A. 영단어는 우리말 뜻을, 우리말은 알맞은 영단어를 쓰세요.

Instruments | Places

1 piano _____

2 guitar _____

3 cello _____

4 library _____

5 mall _____

6 바이올린 _____

7 드럼 _____

8 공원 _____

9 교회 _____

10 동물원 _____

In a House | Habits

11 bedroom _____

12 bathroom _____

13 garden _____

14 watch TV _____

15 eat breakfast _____

16 거실 _____

17 부엌 _____

18 내 손을 씻다 _____

19 내 자전거를 타다 _____

20 내 방을 청소하다 _____

Instruments | Places | In a House | Habits

21 living room _____

22 park _____

23 church _____

24 kitchen _____

25 wash my hands _____

26 피아노 _____

27 침실 _____

28 첼로 _____

29 TV를 보다 _____

30 아침을 먹다 _____

B. 들려주는 영단어에 해당하는 우리말 뜻을 고르세요.

1 바이올린 ☐ | 기타 ☐

2 공원 ☐ | 도서관 ☐

3 아침을 먹다 ☐ | 내 손을 씻다 ☐

4 내 방을 청소하다 ☐ | 내 자전거를 타다 ☐

5 부엌 ☐ | 침실 ☐

6 드럼 ☐ | 첼로 ☐

7 동물원 ☐ | 교회 ☐

8 침실 ☐ | 거실 ☐

9 정원 ☐ | 부엌 ☐

10 TV를 보다 ☐ | 아침을 먹다 ☐

C. 퍼즐에 '숨어 있는 영단어'를 모두 찾아 ◯표 하세요.

빈칸에 영단어를
채워 보세요!

숨어 있는 영단어

1 첼로 ☐☐☐☐☐

2 부엌 ☐☐☐☐☐☐☐

3 피아노 ☐☐☐☐☐

4 동물원 ☐☐☐

5 도서관 ☐☐☐☐☐☐☐

6 공원 ☐☐☐☐☐

z	l	h	p	i	a	n	o
a	i	x	k	a	t	k	n
h	b	y	i	h	r	t	y
g	r	u	t	q	m	k	c
p	a	s	c	d	c	u	e
s	r	l	h	t	r	p	l
o	y	d	e	r	n	u	l
o	c	o	n	b	z	o	o

가로, 세로,
대각선에 영단어
6개가 숨어 있어요!

● **요일, 월, 계절 이름 익히기**

영어 교과서에는 날짜를 묻고 답하는 단원이 나옵니다. 날짜를 말할 때는 요일과 월에 관한 영어 어휘를 반드시 알고 있어야 합니다. 날짜와 더불어 계절을 나타내는 어휘도 함께 알아두면 좋습니다.

▶요일(Days)

월요일	Monday	목요일	Thursday
화요일	Tuesday	금요일	Friday
수요일	Wednesday	토요일	Saturday
		일요일	Sunday

> wednesday의 d는 읽을 때 소리가 나지 않는 알파벳이에요. 단어를 읽을 때 꼭 기억해요.

▶월(Months)

1월	January	7월	July
2월	February	8월	August
3월	March	9월	September
4월	April	10월	October
5월	May	11월	November
6월	June	12월	December

▶계절(Seasons)

봄	spring
여름	summer
가을	fall(autumn)
겨울	winter

봄

여름

가을

겨울

셋째 마당

5학년 영단어

트레이닝

주제별로 배우는 초등 5학년 필수 영단어

Day 41 My Things | Activities

1 빈칸을 채우며 듣자

81. My Things 내 물건

camera 카메라	⬜amera
bottle 병	bo⬜tle
textbook 교과서	te⬜tbook
backpack 배낭	backp⬜ck
pencil case 필통	pen⬜il⬜ase

82. Activities 활동

go camping 캠핑하러 가다	go cam⬜ing
go surfing 서핑하러 가다	go sur⬜ing
go bowling 볼링하러 가다	go bo⬜ling
go hiking 도보 여행을 가다	go hi⬜ing
go sightseeing 관광하러 가다	go si⬜hts⬜eing

2 또박또박 쓰면서 외우자

두 번 이상 써 보세요.

큰 소리로 읽으며 쓰고 있지요?

3 빈칸은 채우고 문장으로 말하자

Whose [   ] is this?

이것은 누구의 카메라니?

Whose [   ] is this?

이것은 누구의 병이니?

Whose [   ] is this?

이것은 누구의 교과서니?

[   ] [   ] is this?

이것은 누구의 배낭이니?

Whose [   ] is [   ]?

이것은 누구의 필통이니?

Let's [   ].

캠핑하러 가자.

Let's [   ].

서핑하러 가자.

Let's [   ].

볼링하러 가자.

[   ] [   ].

도보 여행을 가자.

[   ] [   ].

관광하러 가자.

42 Subjects | What You Want

1 빈칸을 채우며 듣자

83. Subjects 과목

Korean 한국어, 국어	☐orean
English 영어	En☐lish
math 수학	mat☐
science 과학	sc☐ence

➕ P.E.는 알파벳 이름 그대로 '피이'로 읽으면 돼요.
physical education의 줄임말이에요.

| P.E.
체육 | ☐.E. |

84. What You Want 원하는 것

| speak English
영어로 말하다 | sp☐ak Eng☐ish |
| see a movie
영화를 보다 | se☐ a mo☐ie |

➕ see 대신 watch를 써서
'watch a movie'라고 해도 돼요.

make a robot 로봇을 만들다	☐ake a rob☐t
play sports 스포츠를 하다	pla☐ spor☐s
invent a machine 기계를 발명하다	inv☐nt a ☐achine

2 또박또박 쓰면서 외우자

🖊 두 번 이상 써 보세요.

🚀 큰 소리로 읽으며 쓰고 있지요?

3 빈칸은 채우고 문장으로 말하자

My favorite subject is [   ].

내가 가장 좋아하는 과목은 국어이다.

My favorite subject is [   ].

내가 가장 좋아하는 과목은 영어이다.

My favorite subject is [   ].

내가 가장 좋아하는 과목은 수학이다.

My [   ] subject is [   ].

내가 가장 좋아하는 과목은 과학이다.

My favorite [   ] is [   ].

내가 가장 좋아하는 과목은 체육이다.

I want to [   ].

나는 영어로 말하고 싶다.

I want to [   ].

나는 영화를 보고 싶다.

I want to [   ].

나는 로봇을 만들고 싶다.

I [   ] to [   ].

나는 스포츠를 하고 싶다.

I want [   ] [   ].

나는 기계를 발명하고 싶다.

우리말은 알맞은 영단어를,
영단어는 우리말 뜻을 쓰세요.

❶ 영어로 말하다
_____

❷ 수학
_____

❸ 영어
_____

❹ 한국어, 국어
_____

❺ 기계를 발명하다
_____

❻ science
_____

❼ P.E.
_____

❽ make a robot
_____

❾ play sports
_____

❿ see a movie
_____

★ [Day 44]에서 배웠어요!
⓫ go surfing
_____

⓬ 필통

Opposites | Schools

1 빈칸을 채우며 듣자

85. Opposites 반의어

hard 단단한	⬜ard
soft 부드러운	so⬜t
strong 강한	st⬜ong
weak 약한	⬜eak
thick 두꺼운	thi⬜k
thin 얇은	thi⬜

86. Schools 학교

preschool 유치원	pr⬜school
elementary school 초등학교	elem⬜ntary sch⬜ol
middle school 중학교	mi⬜dle sc⬜ool
high school 고등학교	hi⬜h s⬜hool
university 대학교	u⬜iversity

2 또박또박 쓰면서 외우자

두 번 이상 써 보세요.

큰 소리로 읽으며 쓰고 있지요?

3 빈칸을 채우고 문장으로 말하자

They are [　　　　].
그것들은 단단하다.

They are [　　　　].
그것들은 부드럽다.

They are [　　　　].
그것들은 강하다.

They are [　　　　].
그것들은 약하다.

[　　　　] **are** [　　　　].
그것들은 두껍다.

They [　　　] [　　　].
그것들은 얇다.

I enter [　　　　].
나는 유치원에 들어간다.

I enter [　　　　].
나는 초등학교에 들어간다.

I enter [　　　　].
나는 중학교에 들어간다.

I [　　　] [　　　].
나는 고등학교에 들어간다.

[　] **enter** [　　　　].
나는 대학교에 들어간다.

126

A. 영단어는 우리말 뜻을, 우리말은 알맞은 영단어를 쓰세요.

My Things | Activities

1 camera _____

2 textbook _____

3 pencil case _____

4 go surfing _____

5 go hiking _____

6 병 _____

7 배낭 _____

8 캠핑하러 가다 _____

9 볼링하러 가다 _____

10 관광하러 가다 _____

Subjects | What You Want

11 Korean _____

12 math _____

13 P.E. _____

14 see a movie _____

15 play sports _____

16 영어 _____

17 과학 _____

18 영어로 말하다 _____

19 로봇을 만들다 _____

20 기계를 발명하다 _____

Opposites | Schools

21 hard _____

22 strong _____

23 thick _____

24 preschool _____

25 middle school _____

26 university _____

27 부드러운 _____

28 약한 _____

29 얇은 _____

30 초등학교 _____

31 고등학교 _____

1	배낭 ☐	병 ☐	6	단단한 ☐	부드러운 ☐
2	스포츠를 하다 ☐	볼링하러 가다 ☐	7	서핑하러 가다 ☐	도보 여행을 가다 ☐
3	필통 ☐	교과서 ☐	8	중학교 ☐	고등학교 ☐
4	캠핑하러 가다 ☐	관광하러 가다 ☐	9	한국어, 국어 ☐	영어 ☐
5	영어로 말하다 ☐	영화를 보다 ☐	10	유치원 ☐	대학교 ☐

C. 퍼즐에 '숨어 있는 영단어'를 모두 찾아 ◯표 하세요.

빈칸에 영단어를
채워 보세요!

숨어 있는 영단어

1 수학 ☐☐☐☐

2 두꺼운 ☐☐☐☐☐

3 강한 ☐☐☐☐☐☐

4 카메라 ☐☐☐☐☐☐

5 얇은 ☐☐☐☐

6 병 ☐☐☐☐☐☐

p	i	p	x	d	j	z	j
c	a	m	e	r	a	q	q
t	h	i	c	k	n	e	s
m	t	s	s	h	l	q	t
u	m	w	t	t	j	o	r
k	s	a	t	h	b	e	o
l	m	o	y	i	t	k	n
m	b	s	r	n	t	b	g

가로, 세로,
대각선에 영단어
6개가 숨어 있어요!

Food | Cooking

1 빈칸을 채우며 듣자

87. Food 음식

fried rice 볶음밥	☐ried rice
fruit salad 과일 샐러드	fr☐it ☐alad
beefsteak 소고기 스테이크	be☐fst☐ak
apple juice 사과 주스	ap☐le ju☐ce
potato pizza 감자 피자	po☐ato pi☐za

88. Cooking 요리

fry 볶다, 튀기다	fr☐
add 더하다	a☐d
slice 썰다	sli☐e
chop 다지다	cho☐
peel 껍질을 벗기다	p☐el

2 또박또박 쓰면서 외우자

두 번 이상 써 보세요.

큰 소리로 읽으며 쓰고 있지요?

3 빈칸을 채우고 문장으로 말하자

I'd like [   ].

나는 볶음밥으로 하고 싶다.(나는 볶음밥을 주문하고 싶다.)

➕ I'd는 I would의 줄임말이에요.

I'd like [   ].

나는 과일 샐러드로 하고 싶다.

I'd like [   ].

나는 소고기 스테이크로 하고 싶다.

[   ] like [   ].

나는 사과 주스로 하고 싶다.

I'd [   ] [   ].

나는 감자 피자로 하고 싶다.

Do you [   ] onions?

너는 양파를 볶니?

Do you [   ] onions?

너는 양파를 더하니?

Do you [   ] onions?

너는 양파를 써니?

Do you [   ] [   ]?

너는 양파를 다지니?

Do [   ] [   ] onions?

너는 양파 껍질을 벗기니?

Day 45 Gifts | Months

1 빈칸을 채우며 듣자

89. Gifts 선물

minicar 모형 자동차	☐inicar
baseball glove 야구 글러브	bas☐ball ☐love
soccer ball 축구공	so☐cer ba☐l
hairpin 머리핀	hai☐pin
comic book 만화책	co☐ic bo☐k

90. Months 월

January 1월	Ja☐uary
February 2월	Feb☐uary
March 3월	Mar☐h
April 4월	A☐ril
May 5월	☐ay
June 6월	Jun☐

2 또박또박 쓰면서 외우자

두 번 이상 써 보세요.

큰 소리로 읽으며 쓰고 있지요?

3 빈칸은 채우고 문장으로 말하자

I want a [   ].
나는 모형 자동차를 원한다.

I want a [   ].
나는 야구 글러브를 원한다.

I want a [   ].
나는 축구공을 원한다.

I [   ] **a** [   ].
나는 머리핀을 원한다.

[   ] **want a** [   ].
나는 만화책을 원한다.

It is [   ].
1월이다.

It is [   ].
2월이다.

It is [   ].
3월이다.

It is [   ].
4월이다.

It [   ] [   ].
5월이다.

[   ] **is** [   ].
6월이다.

도전! **영단어 TEST**

우리말은 알맞은 영단어를,
영단어는 우리말 뜻을 쓰세요.

❶ 축구공
_____

❷ 2월
_____

❸ 만화책
_____

❹ 5월
_____

❺ 4월
_____

❻ January
_____

❼ baseball glove
_____

❽ minicar
_____

❾ June
_____

❿ hairpin
_____

⓫ March
_____

Day 46 Months | Places

91. Months 월

July 7월	Jul◻
August 8월	◻ugust
September 9월	Se◻tember
October 10월	Octo◻er
November 11월	No◻ember
December 12월	De◻ember

92. Places 장소

museum 박물관	m◻seum
theater 극장	the◻ter
bakery 빵집	ba◻ery
market 시장	◻arket
farm 농장	far◻

2 또박또박 쓰면서 외우자

🚀 두 번 이상 써 보세요.

🚀 큰 소리로 읽으며 쓰고 있지요?

3 빈칸을 채우고 문장으로 말하자

It is [_____].
7월이다.

It is [_____].
8월이다.

It is [_____].
9월이다.

It is [_____].
10월이다.

[___] is [_____].
11월이다.

It [___] [_____].
12월이다.

I go to the [_____] on Sundays.
나는 일요일마다 박물관에 간다.

I go to the [_____] on Sundays.
나는 일요일마다 극장에 간다.

I go to the [_____] on Sundays.
나는 일요일마다 빵집에 간다.

I [___] to the [_____] on Sundays.
나는 일요일마다 시장에 간다.

I go to the [_____] on [_____].
나는 일요일마다 농장에 간다.

❶ 빵집

_____

❷ 11월

_____

❸ 극장

_____

❹ 시장

_____

❺ 8월

_____

❻ July

_____

❼ September

_____

❽ farm

_____

❾ museum

_____

❿ December

_____

⓫ October

A. 영단어는 우리말 뜻을, 우리말은 알맞은 영단어를 쓰세요.

Food | Cooking

1 fried rice _____

2 beefsteak _____

3 potato pizza _____

4 add _____

5 chop _____

6 과일 샐러드 _____

7 사과 주스 _____

8 볶다, 튀기다 _____

9 썰다 _____

10 껍질을 벗기다 _____

Gifts | Months

11 minicar _____

12 soccer ball _____

13 comic book _____

14 February _____

15 April _____

16 June _____

17 야구 글러브 _____

18 머리핀 _____

19 1월 _____

20 3월 _____

21 5월 _____

Months | Places

22 July _____

23 September _____

24 November _____

25 museum _____

26 bakery _____

27 farm _____

28 8월 _____

29 10월 _____

30 12월 _____

31 극장 _____

32 시장 _____

QR을 찍으면
음원이 나와요~

1 복음밥 ☐ | 과일 샐러드 ☐

2 사과 주스 ☐ | 감자 피자 ☐

3 모형 자동차 ☐ | 만화책 ☐

4 3월 ☐ | 4월 ☐

5 12월 ☐ | 9월 ☐

6 볶다, 튀기다 ☐ | 더하다 ☐

7 야구 글러브 ☐ | 축구공 ☐

8 1월 ☐ | 2월 ☐

9 5월 ☐ | 6월 ☐

10 박물관 ☐ | 농장 ☐

C. 퍼즐에 '숨어 있는 영단어'를 모두 찾아 ◯표 하세요.

빈칸에 영단어를
채워 보세요!

숨어 있는 영단어

1 시장 ☐☐☐☐☐☐

2 머리핀 ☐☐☐☐☐☐☐

3 껍질을 벗기다 ☐☐☐☐

4 썰다 ☐☐☐☐☐

5 다지다 ☐☐☐☐

6 빵집 ☐☐☐☐☐☐

w	v	z	q	p	r	h	s
p	c	h	o	p	e	n	n
s	l	i	c	e	i	u	z
d	e	c	e	p	b	e	r
t	a	q	r	a	r	i	k
o	p	i	v	p	e	e	l
b	a	k	e	r	y	d	n
h	p	m	a	r	k	e	t

가로, 세로,
대각선에 영단어
6개가 숨어 있어요!

Bathroom Things | Places in a School

1 빈칸을 채우며 듣자

93. Bathroom Things 욕실 물건

mirror
거울
mi◻ror

shelf
선반
sh◻lf

toilet
변기
to◻let

bathtub
욕조
ba◻htub

toilet paper
화장지
toil◻t p◻per

94. Places in a School 학교 공간

classroom
교실
cla◻sroom

music room
음악실
m◻sic room

restroom
화장실
res◻room

art room
미술실
◻rt room

playground
운동장
play◻round

2 또박또박 쓰면서 외우자

✎ 두 번 이상 써 보세요.

✎ 큰 소리로 읽으며 쓰고 있지요?

3 빈칸은 채우고 문장으로 말하자

There is a [   ] in the bathroom.
욕실에 거울이 있다.

There is a [   ] in the bathroom.
욕실에 선반이 있다.

There is a [   ] in the bathroom.
욕실에 변기가 있다.

[   ] is a [   ] in the bathroom.
욕실에 욕조가 있다.

There is a [   ] in the bathroom.
욕실에 화장지가 있다.

This is a [   ].
이곳은 교실이다.

This is a [   ].
이곳은 음악실이다.

This is a [   ].
이곳은 화장실이다.

[   ] is a [   ].
이곳은 미술실이다.

This [   ] a [   ].
이곳은 운동장이다.

❶ 음악실

_____

❷ 화장지

_____

❸ 화장실

_____

❹ 욕조

_____

❺ 선반

_____

❻ toilet

_____

❼ playground

_____

❽ classroom

_____

❾ mirror

_____

❿ art room

_____

★ [Day 46]에서 배웠어요!

⓫ August

_____

⓬ 농장

_____

138

Day 48 Daily Life | Frequency

1 빈칸을 채우며 듣자

95. Daily Life 일상

get up 일어나다	⬜et up
go to school 학교에 가다	go to s⬜hool
get home 집에 도착하다	g⬜t home
have lunch 점심을 먹다	have lu⬜ch
do your homework 네 숙제를 하다	do your ⬜omework

96. Frequency 빈도

always 항상	⬜lways
usually 대개	usu⬜lly
often 자주	o⬜ten
sometimes 때때로	sometime⬜
never 결코 ~않다	ne⬜er

2 또박또박 쓰면서 외우자

✏️ 두 번 이상 써 보세요.

✏️ 큰 소리로 읽으며 쓰고 있지요?

3 빈칸은 채우고 문장으로 말하자

What time do you [____] **?**

너는 몇 시에 일어나니?

What time do you [____] **?**

너는 몇 시에 학교에 가니?

What [____] **do you** [____] **?**

너는 몇 시에 집에 도착하니?

[____] **time do you** [____] **?**

너는 몇 시에 점심을 먹니?

What time do you [____] **?**

너는 몇 시에 숙제를 하니?

I [____] **have breakfast.**

나는 항상 아침을 먹는다.

I [____] **have breakfast.**

나는 대개 아침을 먹는다.

I [____] **have breakfast.**

나는 자주 아침을 먹는다.

I [____] **have** [____] **.**

나는 때때로 아침을 먹는다.

I [____] [____] **breakfast.**

나는 결코 아침을 먹지 않는다.

도전! 영단어 TEST

우리말은 알맞은 영단어를, 영단어는 우리말 뜻을 쓰세요.

❶ 점심을 먹다

_____

❷ 항상

_____

❸ 자주

_____

❹ 네 숙제를 하다

_____

❺ 집에 도착하다

_____

❻ usually

_____

❼ sometimes

_____

❽ get up

_____

❾ go to school

_____

❿ never

_____

★ [Day 47]에서 배웠어요!

⓫ restroom

_____

⓬ 거울

_____

140

Daily Life | Places

1 빈칸을 채우며 듣자

97. Daily Life 일상

take a bus
버스를 타다

t[ ]ke a [ ]us

go home
집에 가다

[ ]o ho[ ]e

take a shower
샤워하다

t[ ]ke a sho[ ]er

listen to music
음악을 듣다

lis[ ]en to m[ ]sic

keep a diary
일기를 쓰다

ke[ ]p a d[ ]ary

98. Places 장소

town
소도시

to[ ]n

city
도시

[ ]ity

country
시골

co[ ]ntry

village
마을

vill[ ]ge

island
섬

i[ ]land

2 또박또박 쓰면서 외우자

두 번 이상 써 보세요.

큰 소리로 읽으며 쓰고 있지요?

3 빈칸을 채우고 문장으로 말하자

I [   ] every day.

나는 매일 버스를 탄다.

I [   ] every day.

나는 매일 집에 간다.

I [   ] every day.

나는 매일 샤워를 한다.

I [   ] every day.

나는 매일 음악을 듣는다.

I [   ] [   ].

나는 매일 일기를 쓴다.

I live in a [   ].

나는 소도시에 산다.

I live in a [   ].

나는 도시에 산다.

I live in the [   ].

나는 시골에 산다.

I live [   ] a [   ].

나는 마을에 산다.

I [   ] in an [   ].

나는 섬에 산다.

A. 영단어는 우리말 뜻을, 우리말은 알맞은 영단어를 쓰세요.

Bathroom Things | Places in a School

1 mirror _____

2 toilet _____

3 toilet paper _____

4 music room _____

5 art room _____

6 선반 _____

7 욕조 _____

8 교실 _____

9 화장실 _____

10 운동장 _____

Daily Life | Frequency

11 get up _____

12 get home _____

13 do your homework _____

14 usually _____

15 sometimes _____

16 학교에 가다 _____

17 점심을 먹다 _____

18 항상 _____

19 자주 _____

20 결코 ~않다 _____

Daily Life | Places

21 take a bus _____

22 take a shower _____

23 keep a diary _____

24 city _____

25 village _____

26 집에 가다 _____

27 음악을 듣다 _____

28 소도시 _____

29 시골 _____

30 섬 _____

QR을 찍으면 음원이 나와요~

1 거울 ☐ | 선반 ☐   6 화장지 ☐ | 욕조 ☐

2 교실 ☐ | 화장실 ☐   7 미술실 ☐ | 운동장 ☐

3 일어나다 ☐ | 집에 도착하다 ☐   8 점심을 먹다 ☐ | 네 숙제를 하다 ☐

4 집에 가다 ☐ | 음악을 듣다 ☐   9 때때로 ☐ | 자주 ☐

5 버스를 타다 ☐ | 샤워하다 ☐   10 도시 ☐ | 시골 ☐

C. 퍼즐에 '숨어 있는 영단어'를 모두 찾아 ◯표 하세요.

빈칸에 영단어를 채워 보세요!

숨어 있는 영단어

1 선반 ☐☐☐☐☐

2 심 ☐☐☐☐☐

3 대개 ☐☐☐☐☐☐

4 화장실 ☐☐☐☐☐☐☐

5 결코 ~않다 ☐☐☐☐☐

6 항상 ☐☐☐☐☐☐

u	h	r	t	q	m	l	n
s	h	e	l	f	j	g	e
u	g	s	i	g	b	a	v
a	q	t	s	g	m	l	e
l	f	r	l	y	g	w	r
l	m	o	a	q	r	a	i
y	y	o	n	t	u	y	j
e	i	m	d	g	e	s	m

가로, 세로에 영단어 6개가 숨어 있어요!

Day 50 Feelings | Compounds

1 빈칸을 채우며 듣자

99. Feelings 감정

great
정말 좋은

☐reat

sorry
미안한

sor☐y

well
(건강이) 좋은; 잘

w☐ll

worried
걱정하는

worri☐d

lonely
외로운

lone☐y

100. Compounds 합성어

sunglasses
선글라스

sun☐lasses

sunflower
해바라기

sun☐lower

snowman
눈사람

s☐owman

snowball
눈덩이

snow☐all

toothbrush
칫솔

tooth☐rush

2 또박또박 쓰면서 외우자

✏ 두 번 이상 써 보세요.

✏ 큰 소리로 읽으며 쓰고 있지요?

3 빈칸은 채우고 문장으로 말하자

I feel [   ].

나는 정말 좋은 기분이 든다.

I feel [   ].

나는 미안한 기분이 든다.

I feel [   ].

나는 (건강이) 좋다.

[   ] feel [   ].

나는 걱정의 기분이 든다.(나는 걱정이 된다.)

I [   ] [   ].

나는 외로운 기분이 든다.

Do you need [   ]?

너는 선글라스가 필요하니?

Do you need a [   ]?

너는 해바라기가 필요하니?

Do you need a [   ]?

너는 눈사람이 필요하니?

Do you [   ] a [   ]?

너는 눈덩이가 필요하니?

Do [   ] [   ] a [   ]?

너는 칫솔이 필요하니?

Day 51 My Town | Directions

1 빈칸을 채우며 듣자

101. My Town 내 동네

bookstore 서점	booksto⬚e
bank 은행	b⬚nk
bus stop 버스 정류장	bus sto⬚
post office 우체국	po⬚t o⬚fice
flower shop 꽃집	f⬚ower s⬚op

102. Directions 길 안내

go straight 직진으로 가다	go str⬚ight

➕ straight는 '똑바로, 일직선으로'라는 뜻이에요.

go one block 한 블록을 가다	go one ⬚lock

➕ block은 '(도로로 나뉘는) 구역, 블록'이라는 뜻이에요.

turn right 오른쪽으로 돌다	t⬚rn right
turn left 왼쪽으로 돌다	turn l⬚ft
see it on your left 네 왼쪽에서 그것을 보다	s⬚e it on your le⬚t

2 또박또박 쓰면서 외우자

✏️ 두 번 이상 써 보세요.

✏️ 큰 소리로 읽으며 쓰고 있지요?

3 빈칸은 채우고 문장으로 말하자

Where is the [   ] **?**
서점이 어디에 있니?

Where is the [   ] **?**
은행이 어디에 있니?

Where is the [   ] **?**
버스 정류장이 어디에 있니?

Where is the [   ] **?**
우체국이 어디에 있니?

Where is the [   ] **?**
꽃집이 어디에 있니?

Go [   ] **.**
직진해라.

[ ] **one** [   ] **.**
한 블록을 가라.

Turn [   ] **.**
오른쪽으로 돌아라.

[   ] **.**
왼쪽으로 돌아라.

You can [   ] **it** [   ] **.**
네 왼쪽에서 그것을 볼 수 있어.(그것은 네 왼쪽에 있어.)

Day 52 Time | Schedule

1 빈칸을 채우며 듣자

103. Time 시간

tomorrow 내일	to⬜orrow
week 주	⬜eek
weekend 주말	wee⬜end
month 월	mon⬜h
year (열두 달로 이뤄진) 해, 1년	y⬜ar

104. Schedule 일정

join a camp 캠프에 가입하다	j⬜in a ca⬜p
take a dance class 댄스 수업을 받다	take a da⬜ce ⬜lass
learn Chinese 중국어를 배우다	le⬜rn C⬜inese
wash my dog 내 개를 씻기다	wa⬜h my d⬜g
go on a picnic 소풍을 가다	⬜o on a p⬜cnic

2 또박또박 쓰면서 외우자

✏️ 두 번 이상 써 보세요.

✏️ 큰 소리로 읽으며 쓰고 있지요?

3 빈칸은 채우고 문장으로 말하자

What will you do [ ]?
너는 내일 무엇을 할 거니?

What will you do this [ ]?
너는 이번 주에 무엇을 할 거니?

What will you do this [ ]?
너는 이번 주말에 무엇을 할 거니?

What [ ] you do this [ ]?
너는 이번 달에 무엇을 할 거니?

What will [ ] do this [ ]?
너는 이번 언도(올해)에 무잇을 할 거니?

I will [ ].
나는 캠프에 가입할 것이다.

I will [ ].
나는 댄스 수업을 받을 것이다.

I will [ ].
나는 중국어를 배울 것이다.

I [ ] [ ].
나는 내 개를 씻길 것이다.

[ ] will [ ].
나는 소풍을 갈 것이다.

A. 영단어는 우리말 뜻을, 우리말은 알맞은 영단어를 쓰세요.

Feelings | Compounds

1 great _____

2 well _____

3 lonely _____

4 sunflower _____

5 snowball _____

6 미안한 _____

7 걱정하는 _____

8 선글라스 _____

9 눈사람 _____

10 칫솔 _____

My Town | Directions

11 bookstore _____

12 bus stop _____

13 flower shop _____

14 see it on your left _____

15 turn left _____

16 은행 _____

17 우체국 _____

18 직진으로 가다 _____

19 오른쪽으로 돌다 _____

20 한 블록을 가다 _____

Time | Schedule

21 tomorrow _____

22 weekend _____

23 year _____

24 take a dance class _____

25 wash my dog _____

26 주 _____

27 월 _____

28 캠프에 가입하다 _____

29 중국어를 배우다 _____

30 소풍을 가다 _____

B. 들려주는 영단어에 해당하는 우리말 뜻을 고르세요.

QR을 찍으면
음원이 나와요~

1 걱정하는 ☐ | 미안한 ☐

2 서점 ☐ | 우체국 ☐

3 직진으로 가다 ☐ | 한 블록을 가다 ☐

4 내일 ☐ | 해, 1년 ☐

5 캠프에 가입하다 ☐ | 중국어를 배우다 ☐

6 선글라스 ☐ | 해바라기 ☐

7 꽃집 ☐ | 버스 정류장 ☐

8 오른쪽으로 돌다 ☐ | 왼쪽으로 돌다 ☐

9 주 ☐ | 주말 ☐

10 내 개를 씻기다 ☐ | 소풍을 가다 ☐

C. 퍼즐에 '숨어 있는 영단어'를 모두 찾아 ◯표 하세요.

빈칸에 영단어를 채워 보세요!

숨어 있는 영단어

1 외로운 ☐☐☐☐☐☐

2 눈사람 ☐☐☐☐☐☐☐

3 은행 ☐☐☐☐

4 정말 좋은 ☐☐☐☐☐

5 월 ☐☐☐☐☐

6 (건강이) 좋은; 잘 ☐☐☐☐

r	t	b	s	m	b	g	s
u	l	o	n	e	l	y	t
w	e	j	o	x	a	j	r
h	a	m	w	t	g	b	t
p	n	o	m	q	w	a	i
p	r	n	a	g	e	n	g
y	t	t	n	r	l	k	h
t	r	h	g	e	l	t	k

가로, 세로, 대각선에 영단어 6개가 숨어 있어요!

Day 53 Multiple Meanings | People

105. Multiple Meanings 여러 의미

water 물; 물을 주다	wa☐er
brush 솔, 빗; 빗질하다	bru☐h
answer 답; 답하다	ans☐er
drink 음료; 마시다	dri☐k
play 연극; 놀다	pla☐

106. People 사람들

handsome 잘생긴	han☐some
beautiful 아름다운	bea☐tiful
ugly 못생긴	☐gly
kind 친절한	kin☐
smart 똑똑한	s☐art

두 번 이상 써 보세요.

큰 소리로 읽으며 쓰고 있지요?

3 빈칸은 채우고 문장으로 말하자

need [   ] / [   ] the flowers
물이 필요하다 / 꽃에 물을 주다

paint with a [   ] / [   ] my hair
솔로 칠하다 / 내 머리를 빗다

write the [   ] / [   ] the question
답을 쓰다 / 문제에 답하다

hot [   ]s / [   ] water
뜨거운 음료 / 물을 마시다

see the [   ] / [   ] with a ball
연극을 보다 / 공으로 놀다

He is [   ].
그는 잘생겼다.

She is [   ].
그녀는 아름답다.

He is [   ].
그는 못생겼다.

[   ] is [   ].
그녀는 친절하다.

[   ] is [   ].
그는 똑똑하다.

도전! 영단어 TEST

우리말은 알맞은 영단어를, 영단어는 우리말 뜻을 쓰세요.

❶ 연극; 놀다
_____

❷ 잘생긴
_____

❸ 음료; 마시다
_____

❹ 똑똑한
_____

❺ 물; 물을 주다
_____

❻ ugly
_____

❼ beautiful
_____

❽ brush
_____

❾ answer
_____

❿ kind
_____

★ [Day 52]에서 배웠어요!
⓫ weekend
_____

⓬ 중국어를 배우다

도전! 영단어 TEST

Day 54 Festivals | Fairy Tales

1 빈칸을 채우며 듣자

107. Festivals 축제

flea market 벼룩시장	fle⬜ ma⬜ket
concert 콘서트	co⬜cert
magic show 마술 쇼	magi⬜ s⬜ow
food truck 푸드 트럭	fo⬜d truc⬜
school festival 학교 축제	s⬜hool fe⬜tival

108. Fairy Tales 동화

prince 왕자	pri⬜ce
princess 공주	princ⬜ss
king 왕	kin⬜
queen 왕비, 여왕	⬜ueen
crown 왕관	cro⬜n

2 또박또박 쓰면서 외우자

두 번 이상 써 보세요.

큰 소리로 읽으며 쓰고 있지요?

3 빈칸을 채우고 문장으로 말하자

We love a [_____].
우리는 벼룩시장을 굉장히 좋아한다.

We love a [_____].
우리는 콘서트를 굉장히 좋아한다.

We love a [_____].
우리는 마술 쇼를 굉장히 좋아한다.

[____] love a [_____].
우리는 푸드 트럭을 굉장히 좋아한다.

We [____] a [_____].
우리는 학교 축제를 굉장히 좋아한다.

There was a [_____].
왕자가 있었다.

There was a [_____].
공주가 있었다.

There was a [_____].
왕이 있었다.

[_____] was a [_____].
여왕이 있었다.

There [____] a [_____].
왕관이 있었다.

도전! 영단어 TEST

우리말은 알맞은 영단어를, 영단어는 우리말 뜻을 쓰세요.

❶ 마술 쇼
_____

❷ 왕비, 여왕
_____

❸ 왕자
_____

❹ 벼룩시장
_____

❺ 왕
_____

❻ crown
_____

❼ school festival
_____

❽ concert
_____

❾ food truck
_____

❿ princess
_____

★ [Day 53]에서 배웠어요!
⓫ play
_____

⓬ 아름다운

도전! 영단어 TEST

156

Body | Multiple Meanings

1 빈칸을 채우며 듣자

109. Body 신체

skin 피부	☐kin
heart 심장	h☐art
brain 뇌	br☐in
blood 피, 혈액	bloo☐
bone 뼈	bo☐e

110. Multiple Meanings 여러 의미

right 옳은, 오른쪽의	ri☐ht

➕ 'gh'는 발음되지 않는 소리(묵음)예요.
발음에 유의하세요.

light 밝은, 가벼운	lig☐t
bad 나쁜, (음식이) 상한	☐ad
clear 확실한, 맑은	clea☐
cool 시원한, 멋진	co☐l

2 또박또박 쓰면서 외우자

✏️ 두 번 이상 써 보세요.

✏️ 큰 소리로 읽으며 쓰고 있지요?

3 빈칸은 채우고 문장으로 말하자

Keep your [   ] healthy.
네 피부를 건강하게 유지해라.

Keep your [   ] healthy.
네 심장을 건강하게 유지해라.

Keep your [   ] healthy.
네 뇌를 건강하게 유지해라.

Keep [   ] [   ] healthy.
네 혈액을 건강하게 유지해라.

[   ] your [   ] healthy.
네 뼈를 건강하게 유지해라.

a [   ] answer / a [   ] eye
옳은 대답 / 오른쪽 눈

[   ] blue / [   ] socks
밝은 파란색 / 가벼운 양말

a [   ] boy / a [   ] egg
나쁜 소년 / 상한 달걀

a [   ] sound / a [   ] sky
명확한 소리 / 맑은 하늘

a [   ] day / a [   ] friend
서늘한 날 / 멋진 친구

도전! 영단어 TEST

우리말은 알맞은 영단어를,
영단어는 우리말 뜻을 쓰세요.

❶ 심장
_____

❷ 시원한, 멋진
_____

❸ 뇌
_____

❹ 뼈
_____

❺ 확실한, 맑은
_____

❻ blood
_____

❼ light
_____

❽ skin
_____

❾ right
_____

❿ bad
_____

★ [Day 54]에서 배웠어요!
⓫ magic show
_____

⓬ 공주

A. 영단어는 우리말 뜻을, 우리말은 알맞은 영단어를 쓰세요.

Multiple Meanings | People * 1, 2, 3번 답은 두 가지 뜻을 모두 써 보세요.

1 water _____

2 answer _____

3 play _____

4 beautiful _____

5 kind _____

6 솔, 빗; 빗질하다 _____

7 음료; 마시다 _____

8 잘생긴 _____

9 못생긴 _____

10 똑똑한 _____

Festivals | Fairy Tales

11 flea market _____

12 concert _____

13 school festival _____

14 princess _____

15 queen _____

16 마술 쇼 _____

17 푸드 트럭 _____

18 왕자 _____

19 왕 _____

20 왕관 _____

Body | Multiple Meanings * 24, 25번 답은 두 가지 뜻을 모두 써 보세요.

21 skin _____

22 brain _____

23 bone _____

24 light _____

25 clear _____

26 심장 _____

27 피, 혈액 _____

28 옳은, 오른쪽의 _____

29 나쁜, (음식이) 상한 _____

30 시원한, 멋진 _____

159

QR을 찍으면
음원이 나와요~

1	물; 물을 주다 ☐	연극; 놀다 ☐

6	잘생긴 ☐	못생긴 ☐

| 2 | 친절한 ☐ | 아름다운 ☐ |

| 7 | 벼룩시장 ☐ | 마술 쇼 ☐ |

| 3 | 왕자 ☐ | 공주 ☐ |

| 8 | 왕 ☐ | 왕비, 여왕 ☐ |

| 4 | 밝은, 가벼운 ☐ | 시원한, 멋진 ☐ |

| 9 | 뇌 ☐ | 피, 혈액 ☐ |

| 5 | 피부 ☐ | 심장 ☐ |

| 10 | 학교 축제 ☐ | 푸드 트럭 ☐ |

C. 퍼즐에 '숨어 있는 영단어'를 모두 찾아 ◯표 하세요.

빈칸에 영단어를
채워 보세요!

숨어 있는 영단어

1 뼈 ☐☐☐☐

4 콘서트 ☐☐☐☐☐☐☐

2 왕관 ☐☐☐☐☐

5 똑똑한 ☐☐☐☐☐

3 답; 답하다 ☐☐☐☐☐☐

6 음료; 마시다 ☐☐☐☐☐

x	d	r	i	n	k	c	l
s	x	u	g	s	i	n	c
m	a	r	j	b	w	r	o
a	n	g	d	o	r	v	n
r	s	i	r	n	i	c	c
t	w	c	g	e	n	b	e
g	e	d	l	w	c	r	r
d	r	y	y	k	e	t	t

가로, 세로,
대각선에 영단어
6개가 숨어 있어요!

1 빈칸을 채우며 듣자

111. Activities 활동

take a picture 사진을 찍다	☐ake a pi☐ture
use a pencil 연필을 쓰다	☐se a penc☐l
close the window 창문을 닫다	clo☐e the win☐ow
bring my dog 내 개를 데려오다	b☐ing my do☐
try this on 이것을 입어 보다	tr☐ this o☐

112. Jobs 직업

painter 화가	☐ainter
scientist 과학자	s☐ientist
engineer 엔지니어	en☐ineer
nurse 간호사	nur☐e
photographer 사진사	photogra☐her

2 또박또박 쓰면서 외우자

두 번 이상 써 보세요.

큰 소리로 읽으며 쓰고 있지요?

161

3 빈칸은 채우고 문장으로 말하자

May I [   ] ?
사진을 찍어도 될까요?

May I [   ] ?
연필을 써도 될까요?

May I [   ] ?
창문을 닫아도 될까요?

[   ] I [   ] ?
내 개를 데리고와도 될까요?

May [   ] [   ] ?
이것을 입어 봐도 될까요?

I want to be a [   ] .
나는 화가가 되고 싶다.

I want to be a [   ] .
나는 과학자가 되고 싶다.

I want to be an [   ] .
나는 엔지니어가 되고 싶다.

I [   ] to be a [   ] .
나는 간호사가 되고 싶다.

I want to [   ] a [   ] .
나는 사진가가 되고 싶다.

도전! 영단어 TEST

우리말은 알맞은 영단어를,
영단어는 우리말 뜻을 쓰세요.

❶ 화가
_____

❷ 간호사
_____

❸ 과학자
_____

❹ 연필을 쓰다
_____

❺ 내 개를 데려오다
_____

❻ close the window
_____

❼ try this on
_____

❽ photographer
_____

❾ take a picture
_____

❿ engineer
_____

★ [Day 55]에서 배웠어요!
⓫ clear
_____

⓬ 피부
_____

1 빈칸을 채우며 듣자

113. Hobbies 취미

look at flowers
꽃을 보다

lo◻k at flo◻ers

grow plants
식물을 기르다

g◻ow p◻ants

play board games
보드 게임을 하다

pl◻y bo◻rd games

draw pictures
그림을 그리다

dra◻ pictu◻es

write stories
이야기를 쓰다

◻rite sto◻ies

114. Vacation 방학

jump rope
줄넘기하다

jum◻ ro◻e

go climbing
등산을 가다

◻o clim◻ing

learn about stars
별에 대해 배우다

lea◻n about st◻rs

ride a boat
보트를 타다

ri◻e a ◻oat

pick tomatoes
토마토를 따다

◻ick tomat◻es

2 또박또박 쓰면서 외우자

두 번 이상 써 보세요.

큰 소리로 읽으며 쓰고 있지요?

163

3 빈칸은 채우고 문장으로 말하자

I like to [   ].
나는 꽃(들)을 보는 것을 좋아한다.

I like to [   ].
나는 식물(들)을 기르는 것을 좋아한다.

I like to [   ].
나는 보드 게임(들)을 하는 것을 좋아한다.

I like [   ] [   ].
나는 그림(들)을 그리는 것을 좋아한다.

I [   ] to [   ].
나는 이야기(들)을 쓰는 것을 좋아한다.

I want to [   ] in summer.
나는 여름에 줄넘기를 하고 싶다.

I want to [   ] in summer.
나는 여름에 등산을 가고 싶다.

I want to [   ]
in summer. 나는 여름에 별(들)에 대해 배우고 싶다.

I [   ] to [   ]
in summer. 나는 여름에 보트를 타고 싶다.

I want [   ] [   ]
in summer. 나는 여름에 토마토(들)을 따고 싶다.

❶ 보드 게임을 하다
_____

❷ 그림을 그리다
_____

❸ 별에 대해 배우다
_____

❹ 줄넘기하다
_____

❺ 식물을 기르다
_____

❻ look at flowers
_____

❼ pick tomatoes
_____

❽ ride a boat
_____

❾ write stories
_____

❿ go climbing
_____

★ [Day 56]에서 배웠어요!
⓫ use a pencil
_____

⓬ 사진사
_____

Day 58 Character | Things to Wear

1 빈칸을 채우며 듣자

115. Character 성격

honest 정직한	hon⬜st
clever 현명한	cle⬜er
brave 용감한	b⬜ave
calm 침착한	ca⬜m
lazy 게으른	la⬜y

116. Things to Wear 입을 것

pants 바지	⬜ants
jeans 청바지	jea⬜s
earrings 귀걸이	ea⬜rings
boots 부츠	bo⬜ts
mittens (벙어리) 장갑	mi⬜tens

2 또박또박 쓰면서 외우자

두 번 이상 써 보세요.

큰 소리로 읽으며 쓰고 있지요?

3 빈칸을 채우고 문장으로 말하자

You're [   ].
너는 정직하다.

You're [   ].
너는 현명하다.

You're [   ].
너는 용감하다.

You're [   ].
너는 침착하다.

[   ] [   ].
너는 게으르다.

She is wearing [   ].
그녀는 바지를 입고 있다.

She is wearing [   ].
그녀는 청바지를 입고 있다.

She is wearing [   ].
그녀는 귀걸이를 하고 있다.

She is [   ] [   ].
그녀는 부츠를 신고 있다.

She [   ] [   ] [   ].
그녀는 (벙어리) 장갑을 끼고 있다.

도전! 영단어 TEST

우리말은 알맞은 영단어를,
영단어는 우리말 뜻을 쓰세요.

❶ 바지
_____

❷ 침착한
_____

❸ 청바지
_____

❹ 부츠
_____

❺ 용감한
_____

❻ honest
_____

❼ mittens
_____

❽ lazy
_____

❾ earrings
_____

❿ clever
_____

★ [Day 57]에서 배웠어요!

⓫ go climbing
_____

⓬ 줄넘기하다

A. 영단어는 우리말 뜻을, 우리말은 알맞은 영단어를 쓰세요.

Activities | Jobs

1 take a picture _____

2 close the window _____

3 try this on _____

4 scientist _____

5 nurse _____

6 연필을 쓰다 _____

7 내 개를 데려오다 _____

8 화가 _____

9 엔지니어 _____

10 사진사 _____

Hobbies | Vacation

11 look at flowers _____

12 play board games _____

13 write stories _____

14 jump rope _____

15 ride a boat _____

16 식물을 기르다 _____

17 그림을 그리다 _____

18 등산을 가다 _____

19 별에 대해 배우다 _____

20 토마토를 따다 _____

Character | Things to Wear

21 honest _____

22 brave _____

23 calm _____

24 pants _____

25 jeans _____

26 현명한 _____

27 게으른 _____

28 귀걸이 _____

29 부츠 _____

30 (벙어리) 장갑 _____

B. 들려주는 영단어에 해당하는 우리말 뜻을 고르세요.

1	바지 ☐　　바츠 ☐	6	사진을 찍다 ☐　　연필을 쓰다 ☐
2	창문을 닫다 ☐　　내 개를 데려오다 ☐	7	과학자 ☐　　사진사 ☐
3	꽃을 보다 ☐　　식물을 기르다 ☐	8	이야기를 쓰다 ☐　　그림을 그리다 ☐
4	줄넘기하다 ☐　　등산을 하다 ☐	9	배를 타다 ☐　　토마토를 따다 ☐
5	정직한 ☐　　현명한 ☐	10	침착한 ☐　　게으른 ☐

C. 퍼즐에 '숨어 있는 영단어'를 모두 찾아 ◯표 하세요.

빈칸에 영단어를 채워 보세요!　　　숨어 있는 영단어

1 청바지 ☐☐☐☐☐

2 현명한 ☐☐☐☐☐☐

3 (벙어리) 장갑 ☐☐☐☐☐☐☐

4 간호사 ☐☐☐☐☐

5 용감한 ☐☐☐☐☐

6 엔지니어 ☐☐☐☐☐☐☐☐

m	c	y	l	e	e	n	f
i	h	o	v	v	n	f	e
t	b	a	a	z	g	t	j
t	r	r	k	l	i	o	e
e	b	f	d	m	n	c	a
n	n	u	r	s	e	x	n
s	l	y	w	p	e	y	s
c	l	e	v	e	r	q	q

가로, 세로, 대각선에 영단어 6개가 숨어 있어요!

Day 59 Sports Items | Plants

1 빈칸을 채우며 듣자

117. Sports Items 스포츠 용품

bat
야구 방망이

☐at

uniform
유니폼

uni☐orm

racket
라켓

rac☐et

net
그물망

☐et

helmet
헬멧

hel☐et

118. Plants 식물

seed
씨앗

s☐ed

root
뿌리

roo☐

leaf
잎

lea☐

stem
줄기

st☐m

sprout
새싹

s☐rout

2 또박또박 쓰면서 외우자

두 번 이상 써 보세요.

큰 소리로 읽으며 쓰고 있지요?

3 빈칸을 채우고 문장으로 말하자

I have a [   ].
나는 야구 방망이가 있다.

I have a [   ].
나는 유니폼이 있다.

I have a [   ].
나는 라켓이 있다.

[ ] have a [   ].
나는 그물망이 있다.

I [   ] a [   ].
나는 헬멧이 있다.

This is a [   ].
이것은 씨앗이다.

This is a [   ].
이것은 뿌리이다.

This is a [   ].
이것은 잎이다.

[   ] is a [   ].
이것은 줄기이다.

This [   ] a [   ].
이것은 새싹이다.

도전! 영단어 TEST

우리말은 알맞은 영단어를,
영단어는 우리말 뜻을 쓰세요.

❶ 씨앗
_____

❷ 그물망
_____

❸ 뿌리
_____

❹ 새싹
_____

❺ 헬멧
_____

❻ racket
_____

❼ uniform
_____

❽ leaf
_____

❾ stem
_____

❿ bat
_____

★ [Day 58]에서 배웠어요!
⓫ pants
_____

⓬ 게으른
_____

170

Day 60 Subjects | Planets

119. Subjects 과목

art 미술	□rt
history 역사	h□story
music 음악	mu□ic
social studies 사회	so□ial stud□es
subject 과목	su□ject

120. Planets 행성

Venus 금성	Ven□s

➕ 행성 이름도 첫 글자를 대문자로 써야 해요.

Mars 화성	□ars
Earth 지구	Ea□th
Jupiter 목성	Ju□iter
Mercury 수성	Mer□ury

2 또박또박 쓰면서 외우자

🚀 두 번 이상 써 보세요.

🚀 큰 소리로 읽으며 쓰고 있지요?

3 빈칸을 채우고 문장으로 말하자

I don't like [   ].
나는 미술을 좋아하지 않는다.

I don't like [   ].
나는 역사를 좋아하지 않는다.

I don't like [   ].
나는 음악을 좋아하지 않는다.

I don't like [   ].
나는 사회를 좋아하지 않는다.

I [   ] like any [   ]s.
나는 어떤 과목도 좋아하지 않는다.

It is [   ].
그것은 금성이다.

It is [   ].
그것은 화성이다.

It is [   ].
그것은 지구이다.

[   ] is [   ].
그것은 목성이다.

It [   ] [   ].
그것은 수성이다.

A. 영단어는 우리말 뜻을, 우리말은 알맞은 영단어를 쓰세요.

Sports Items | Plants

1 bat _____

2 racket _____

3 helmet _____

4 root _____

5 stem _____

6 유니폼 _____

7 그물망 _____

8 씨앗 _____

9 잎 _____

10 새싹 _____

Subjects | Planets

11 art _____

12 music _____

13 subject _____

14 Mars _____

15 Jupiter _____

16 역사 _____

17 사회 _____

18 금성 _____

19 지구 _____

20 수성 _____

Sports Items | Plants | Subjects | Planets

21 seed _____

22 leaf _____

23 Mercury _____

24 stem _____

25 history _____

26 과목 _____

27 목성 _____

28 뿌리 _____

29 금성 _____

30 야구 방망이 _____

B. 들려주는 영단어에 해당하는 우리말 뜻을 고르세요.

1 그물망 ☐ 라켓 ☐		**6** 잎 ☐ 줄기 ☐
2 줄기 ☐ 새싹 ☐		**7** 지구 ☐ 목성 ☐
3 금성 ☐ 화성 ☐		**8** 씨앗 ☐ 뿌리 ☐
4 미술 ☐ 음악 ☐		**9** 사회 ☐ 과목 ☐
5 야구 방망이 ☐ 유니폼 ☐		**10** 목성 ☐ 수성 ☐

C. 퍼즐에 '숨어 있는 영단어'를 모두 찾아 ◯표 하세요.

빈칸에 영단어를 채워 보세요!

숨어 있는 영단어

1 야구 방망이 ☐☐☐

2 씨앗 ☐☐☐☐

3 새싹 ☐☐☐☐☐☐

4 그물망 ☐☐☐

5 역사 ☐☐☐☐☐☐☐

6 헬멧 ☐☐☐☐☐☐

j	x	h	m	e	r	s	b
q	s	e	f	v	d	p	v
c	g	l	l	o	h	r	z
m	g	m	l	b	q	o	m
u	n	e	t	e	a	u	u
w	h	t	q	i	e	t	b
h	i	s	t	o	r	y	r
p	v	k	s	e	e	d	q

가로, 세로, 대각선에 영단어 6개가 숨어 있어요!

● 나라와 언어 이름 익히기

영어 교과서에는 국적을 묻고 답하는 단원이 있습니다. 따라서 나라와 언어 이름은 철자까지 완벽하게 외울 필요는 없지만, 보고 읽을 수 있을 정도로 아는 것이 좋아요.

나라		언어
한국	Korea	Korean
미국	the U.S.	English
영국	the U.K.	English
중국	China	Chinese
프랑스	France	French
이탈리아	Italy	Italian
스페인	Spain	Spanish
일본	Japan	Japanese
독일	Germany	German
러시아	Russia	Russian

넷째 마당

6학년 영단어
트레이닝

주제별로 배우는 초등 6학년 필수 영단어

Day 61 Numbers 1 | Numbers 2

1 빈칸을 채우며 듣자

121. Numbers 1 순서 수 1

first
첫 번째의

fi[ ]st

> ➕ 1학년은 'first grade(첫 번째 학년)'이라고 해요.

second
두 번째의

s[ ]cond

third
세 번째의

thi[ ]d

fourth
네 번째의

fo[ ]rth

fifth
다섯 번째의

fi[ ]th

122. Numbers 2 순서 수 2

sixth
여섯 번째의

si[ ]th

seventh
일곱 번째의

seven[ ]h

eighth
여덟 번째의

ei[ ]hth

ninth
아홉 번째의

ni[ ]th

tenth
열 번째의

t[ ]nth

2 또박또박 쓰면서 외우자

🖊 두 번 이상 써 보세요.

🖊 큰 소리로 읽으며 쓰고 있지요?

3 빈칸을 채우고 문장으로 말하자

I'm in the [   ] grade.
나는 일학년이다.

I'm in the [   ] grade.
나는 이학년이다.

I'm in the [   ] grade.
나는 삼학년이다.

I'm in the [   ] [   ].
나는 사학년이다.

[   ] in the [   ] grade.
나는 오학년이다.

It's on the [   ] floor.
그것은 육층에 있다.

➕ first, second와 같이 순서를 나타내는 수는 '학년'뿐만 아니라 '층수'를 나타낼 때도 써요.

It's on the [   ] floor.
그것은 칠층에 있다.

It's on the [   ] floor.
그것은 팔층에 있다.

It's on the [   ] [   ].
그것은 구층에 있다.

It's [   ] the [   ] floor.
그것은 십층에 있다.

도전! 영단어 TEST

우리말은 알맞은 영단어를,
영단어는 우리말 뜻을 쓰세요.

❶ 여섯 번째의
_____

❷ 일곱 번째의
_____

❸ 네 번째의
_____

❹ 두 번째의
_____

❺ 세 번째의
_____

❻ first
_____

❼ ninth
_____

❽ fifth
_____

❾ tenth
_____

❿ eighth
_____

★ [Day 60]에서 배웠어요!
⓫ social studies
_____

⓬ 수성
_____

Day 62 Price | Places

1 빈칸을 채우며 듣자

123. Price 가격

hundred 100(백)	hu☐dred
thousand 1,000(천)	thou☐and
ten thousand 10,000(만)	t☐n thous☐nd
twenty thousand 20,000(2만)	t☐enty tho☐sand
thirty thousand 30,000(3만)	thi☐ty ☐housand

124. Places 장소

airport 공항	air☐ort
station 역, 정류장	stat☐on
stadium 경기장	stad☐um
port 항구	po☐t
gift shop 기념품 가게	gi☐t shop

2 또박또박 쓰면서 외우자

두 번 이상 써 보세요.

큰 소리로 읽으며 쓰고 있지요?

3 빈칸은 채우고 문장으로 말하자

They are one [＿＿＿] won.
그것들은 (1)백원이다.

They are one [＿＿＿] won.
그것들은 (1)천원이다.

They are [＿＿＿] won.
그것들은 만원이다.

They are [＿＿＿] won.
그것들은 2만원이다.

They are [＿＿＿] won.
그것들은 3만원이다.

I'm going to the [＿＿＿].
나는 공항에 갈 것이다.

I'm going to the [＿＿＿].
나는 역에 갈 것이다.

I'm going to the [＿＿＿].
나는 경기장에 갈 것이다.

I'm [＿＿＿] to the [＿＿＿].
나는 항구에 갈 것이다.

[＿＿＿] going to the [＿＿＿].
나는 기념품 가게에 갈 것이다.

도전! 영단어 TEST

우리말은 알맞은 영단어를,
영단어는 우리말 뜻을 쓰세요.

❶ 30,000(3만)
＿＿＿＿＿＿＿＿＿

❷ 기념품 가게
＿＿＿＿＿＿＿＿＿

❸ 역, 정류장
＿＿＿＿＿＿＿＿＿

❹ 항구
＿＿＿＿＿＿＿＿＿

❺ 100(백)
＿＿＿＿＿＿＿＿＿

❻ ten thousand
＿＿＿＿＿＿＿＿＿

❼ twenty thousand
＿＿＿＿＿＿＿＿＿

❽ thousand
＿＿＿＿＿＿＿＿＿

❾ stadium
＿＿＿＿＿＿＿＿＿

❿ airport
＿＿＿＿＿＿＿＿＿

★ [Day 61]에서 배웠어요!
⓫ third
＿＿＿＿＿＿＿＿＿

⓬ 다섯 번째의

63 Day Opposites | Special Events

1 빈칸을 채우며 듣자

125. Opposites 반의어

push 밀다	pu◻h
pull 당기다	◻ull
buy 사다	b◻y
sell 팔다	s◻ll
start 시작하다	star◻
stop 멈추다	◻top

126. Special Events 행사

field trip 현장 학습	fi◻ld tri◻
Children's Day 어린이날	C◻ildren's Da◻
school fair 학교 축제	s◻hool ◻air
dance contest 댄스 경연	da◻ce cont◻st
club festival 동아리 축제	clu◻ festi◻al

2 또박또박 쓰면서 외우자

두 번 이상 써 보세요.

큰 소리로 읽으며 쓰고 있지요?

3 빈칸은 채우고 문장으로 말하자

Don't ⬚.
밀지 마.

Don't ⬚.
당기지 마.

Don't ⬚.
사지 마.

Don't ⬚.
팔지 마.

Don't ⬚.
시작하지 마.

⬚ ⬚.
멈추지 마.

When is the ⬚?
현장 학습이 언제니?

When is ⬚?
어린이날이 언제니?

When is the ⬚?
학교 축제는 언제니?

When ⬚ the ⬚?
댄스 경연이 언제니?

⬚ is the ⬚?
동아리 축제가 언제니?

A. 영단어는 우리말 뜻을, 우리말은 알맞은 영단어를 쓰세요.

Numbers 1 | Numbers 2

1 first _____

2 third _____

3 fifth _____

4 seventh _____

5 ninth _____

6 두 번째의 _____

7 네 번째의 _____

8 여섯 번째의 _____

9 여덟 번째의 _____

10 열 번째의 _____

Price | Places

11 hundred _____

12 ten thousand _____

13 thirty thousand _____

14 station _____

15 port _____

16 1,000(천) _____

17 20,000(2만) _____

18 공항 _____

19 경기장 _____

20 기념품 가게 _____

Opposites | Special Events

21 push _____

22 buy _____

23 start _____

24 field trip _____

25 Children's Day _____

26 club festival _____

27 당기다 _____

28 팔다 _____

29 멈추다 _____

30 학교 축제 _____

31 댄스 경연 _____

B. 들려주는 영단어에 해당하는 우리말 뜻을 고르세요.

1	두 번째의 ☐	세 번째의 ☐		**6**	여섯 번째의 ☐	일곱 번째의 ☐
2	10,000(만) ☐	1,000(천) ☐		**7**	20,000(2만) ☐	30,000(3만) ☐
3	항구 ☐	기념품 가게 ☐		**8**	역, 정류장 ☐	경기장 ☐
4	밀다 ☐	당기다 ☐		**9**	사다 ☐	팔다 ☐
5	현장 학습 ☐	어린이날 ☐		**10**	댄스 경연 ☐	동아리 축제 ☐

C. 퍼즐에 '숨어 있는 영단어'를 모두 찾아 ◯표 하세요.

빈칸에 영단어를 채워 보세요!

숨어 있는 영단어

1 첫 번째의 ☐☐☐☐☐

2 100(백) ☐☐☐☐☐☐☐

3 공항 ☐☐☐☐☐☐☐

4 당기다 ☐☐☐☐

5 시작하다 ☐☐☐☐☐

6 멈추다 ☐☐☐☐

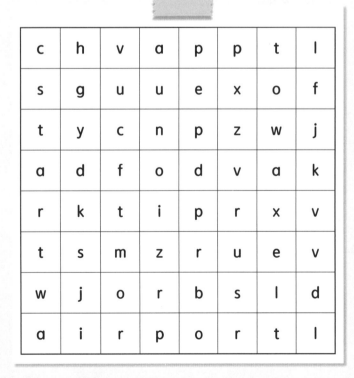

c	h	v	a	p	p	t	l
s	g	u	u	e	x	o	f
t	y	c	n	p	z	w	j
a	d	f	o	d	v	a	k
r	k	t	i	p	r	x	v
t	s	m	z	r	u	e	v
w	j	o	r	b	s	l	d
a	i	r	p	o	r	t	l

가로, 세로, 대각선에 영단어 6개가 숨어 있어요!

Reading | Food

1 빈칸을 채우며 듣자

127. Reading 읽기

novel 소설	no☐el
cartoon 만화	ca☐toon
mystery 추리소설	m☐stery
email 이메일	☐mail
diary 일기	diar☐

128. Food 음식

beef curry 소고기 카레	☐eef c☐rry
vegetable pizza 채소 피자	ve☐etable pizz☐
egg sandwich 달걀 샌드위치	eg☐ sand☐ich
hot dog 핫도그	☐ot d☐g
French fries 감자 튀김	Fre☐ch f☐ies

2 또박또박 쓰면서 외우자

두 번 이상 써 보세요.

큰 소리로 읽으며 쓰고 있지요?

3 빈칸은 채우고 문장으로 말하자

I'm reading a [ ].

나는 소설을 읽고 있다.

I'm reading a [ ].

나는 만화를 읽고 있다.

I'm reading a [ ].

나는 추리소설을 읽고 있다.

[ ] reading an [ ].

나는 이메일을 읽고 있다.

I'm [ ] a [ ].

나는 일기를 읽고 있다.

I'd like to have [ ].

나는 소고기 카레를 먹고 싶다.

I'd like to have [ ].

나는 채소 피자를 먹고 싶다.

I'd like to have an [ ].

나는 달걀 샌드위치를 먹고 싶다.

[ ] like to have a [ ].

나는 핫도그를 먹고 싶다.

I'd like [ ] have [ ].

나는 감자 튀김을 먹고 싶다.

우리말은 알맞은 영단어를,
영단어는 우리말 뜻을 쓰세요.

❶ 핫도그

_____

❷ 감자 튀김

_____

❸ 달걀 샌드위치

_____

❹ 소설

_____

❺ 만화

_____

❻ mystery

_____

❼ email

_____

❽ vegetable pizza

_____

❾ diary

_____

❿ beef curry

_____

★ [Day 63]에서 배웠어요!

⓫ stop

_____

⓬ 학교 축제

1 빈칸을 채우며 듣자

129. Free Time 쉬는 시간

play games 게임을 하다	☐lay g☐mes
walk my dog 내 개를 산책시키다	wa☐k my dog
bake bread 빵을 굽다	ba☐e b☐ead
dance to music 음악에 맞춰 춤추다	d☐nce to m☐sic
fly a kite 연을 날리다	fl☐ a ☐ite

130. Multiple Meanings 여러 의미

wave 파도; (손을) 흔들다	wa☐e
swing 그네; 흔들리다	s☐ing
dress 옷; 옷을 입다	dre☐s
ring 반지; 울리다	ri☐g
break 쉬는 시간; 깨다	☐reak

2 또박또박 쓰면서 외우자

두 번 이상 써 보세요.

큰 소리로 읽으며 쓰고 있지요?

187

3 빈칸을 채우고 문장으로 말하자

I [ ] in my free time.

나는 쉬는 시간에 게임을 한다.

I [ ] in my free time.

나는 쉬는 시간에 내 개를 산책시킨다.

I [ ] in my free time.

나는 쉬는 시간에 빵을 굽는다.

I [ ] in my free time.

나는 쉬는 시간에 음악에 맞춰 춤춘다.

I [ ] in my free time.

나는 쉬는 시간에 연을 날린다.

a big [ ] / They [ ] their hands.

큰 파도 / 그들은 손을 흔든다.

a playground [ ] / They are [ ]ing. 놀이터 그네 / 그것들은 흔들리고 있다.

a long [ ] / They [ ] up.

긴 드레스 / 그들은 옷을 입는다.

a gold [ ] / The bell is [ ]ing.

금반지 / 벨이 울리고 있다.

[ ] time / They [ ] the window. 쉬는 시간/ 그들은 창문을 깬다.

도전! 영단어 TEST

우리말은 알맞은 영단어를,
영단어는 우리말 뜻을 쓰세요.

❶ 옷; 옷을 입다

❷ 음악에 맞춰 춤추다

❸ 쉬는 시간; 깨다

❹ 반지; 울리다

❺ 게임을 하다

❻ wave

❼ walk my dog

❽ swing

❾ fly a kite

❿ bake bread

★ [Day 64]에서 배웠어요!
⓫ egg sandwich

⓬ 추리소설

Day 66 Materials | Position

131. Materials 재료

🖊 두 번 이상 써 보세요.

glass 유리	☐lass
plastic 플라스틱	plasti☐
wood 나무, 목재	w☐od
stone 돌	sto☐e
metal 금속	me☐al

132. Position 위치

🖍 큰 소리로 읽으며 쓰고 있지요?

behind ~뒤에	be☐ind
between ~사이에	betw☐en
beside ~옆에	besi☐e
around ~주위에	aro☐nd
across from ~맞은편에	a☐ross from

3 빈칸을 채우고 문장으로 말하자

Is this [   ] ?
이것은 유리니?

Is this [   ] ?
이것은 플라스틱이니?

Is this [   ] ?
이것은 나무(목재)니?

[   ] this [   ] ?
이것은 돌이니?

Is [   ] [   ] ?
이것은 금속이니?

It's [   ] a bookstore.
그것은 서점 뒤에 있다.

It's [   ] a bookstore and a store.
그것은 서점과 상점 사이에 있다.

It's [   ] a bookstore.
그것은 서점 옆에 있다.

[   ] [   ] a bookstore.
그것은 서점 주위에 있다.

It's [   ] [   ] bookstore.
그것은 서점 맞은편에 있다.

190

A. 영단어는 우리말 뜻을, 우리말은 알맞은 영단어를 쓰세요.

Reading | Food

1 novel _____

2 mystery _____

3 diary _____

4 cartoon _____

5 hot dog _____

6 채소 피자 _____

7 이메일 _____

8 소고기 카레 _____

9 달걀 샌드위치 _____

10 감자 튀김 _____

Free Time | Multiple Meanings * 14, 15번 답은 두 가지 뜻을 모두 써 보세요.

11 play games _____

12 bake bread _____

13 fly a kite _____

14 swing _____

15 ring _____

16 내 개를 산책시키다 _____

17 음악에 맞춰 춤추다 _____

18 파도; (손을) 흔들다 _____

19 옷; 옷을 입다 _____

20 쉬는 시간; 깨다 _____

Materials | Position

21 glass _____

22 wood _____

23 metal _____

24 between _____

25 across from _____

26 플라스틱 _____

27 돌 _____

28 ~뒤에 _____

29 ~옆에 _____

30 ~주위에 _____

B. 들려주는 영단어에 해당하는 우리말 뜻을 고르세요.

1	소설 ☐	만화 ☐
2	소고기 카레 ☐	채소 피자 ☐
3	게임을 하다 ☐	연을 날리다 ☐
4	~사이에 ☐	~옆에 ☐
5	유리 ☐	금속 ☐

6	추리소설 ☐	일기 ☐
7	달걀 샌드위치 ☐	감자 튀김 ☐
8	빵을 굽다 ☐	음악에 맞춰 춤추다 ☐
9	플라스틱 ☐	돌 ☐
10	~뒤에 ☐	~주위에 ☐

C. 퍼즐에 '숨어 있는 영단어'를 모두 찾아 ◯표 하세요.

빈칸에 영단어를 채워 보세요!

숨어 있는 영단어

1 만화 ☐☐☐☐☐☐☐

2 이메일 ☐☐☐☐☐

3 그네; 흔들리다 ☐☐☐☐☐

4 파도; (손을) 흔들다 ☐☐☐☐

5 나무, 목재 ☐☐☐☐

6 돌 ☐☐☐☐☐

k	t	s	a	u	l	w	c
l	c	s	w	i	n	g	l
s	a	t	f	z	j	i	n
q	r	o	f	t	a	k	d
i	t	n	t	m	r	o	g
n	o	e	e	s	o	e	m
p	o	l	a	w	a	v	e
g	n	t	v	f	i	t	p

가로, 세로, 대각선에 영단어 6개가 숨어 있어요!

1 빈칸을 채우며 듣자

133. Jobs 직업

traveler 여행가	trave□er
comedian 코미디언	comedi□n
fashion designer 패션 디자이너	fa□hion desi□ner
zookeeper 동물원 사육사	zooke□per
pilot 조종사	p□lot

134. Action 동작

clap 박수를 치다	c□ap
nod 고개를 끄덕이다	no□
shake 흔들다	s□ake
bow 고개를 숙이다	□ow
scratch 긁다	scra□ch

2 또박또박 쓰면서 외우자

두 번 이상 써 보세요.

큰 소리로 읽으며 쓰고 있지요?

3 빈칸을 채우고 문장으로 말하자

I'll be a [_____].

나는 여행가가 될 것이다.

➕ I'll은 I will의 줄임말이에요.

I'll be a [_____].

나는 코미디언이 될 것이다.

I'll be a [_____].

나는 패션 디자이너가 될 것이다.

[____] be a [_____].

나는 동물원 사육사가 될 것이다.

I'll [____] a [____].

나는 조종사가 될 것이다.

[_____] like this.

이렇게 박수를 쳐라.

[_____] like this.

이렇게 고개를 끄덕여라.

[_____] like this.

이렇게 흔들어라.

[____] [____] this.

이렇게 고개를 숙여라.

[_____] like [____].

이렇게 긁어라.

도전! **영단어 TEST**

우리말은 알맞은 영단어를,
영단어는 우리말 뜻을 쓰세요.

❶ 동물원 사육사
_____

❷ 흔들다
_____

❸ 고개를 끄덕이다
_____

❹ 조종사
_____

❺ 박수를 치다
_____

❻ traveler
_____

❼ scratch
_____

❽ bow
_____

❾ comedian
_____

❿ fashion designer
_____

★ [Day 66]에서 배웠어요!
⓫ across from
_____

⓬ 금속

Day 68 Home Devices | Action

1 빈칸을 채우며 듣자

135. Home Devices 가전

refrigerator 냉장고	rerigerator
vacuum cleaner 청소기	vacum cleaer
air conditioner 에어컨	ir condiioner
washing machine 세탁기	wasing mahine
microwave oven 전자레인지	micrwave ovn

136. Action 동작

order 주문하다	oder
call 전화하다	cal
stay inside 안에 머무르다	sty inide
play outside 밖에서 놀다	lay otside
send a message 문자를 보내다	send a messge

2 또박또박 쓰면서 외우자

두 번 이상 써 보세요.

큰 소리로 읽으며 쓰고 있지요?

3 빈칸은 채우고 문장으로 말하자

You can use the [ ].
너는 냉장고를 써도 돼.

You can use the [ ].
너는 청소기를 써도 돼.

You can use the [ ].
너는 에어컨을 써도 돼.

You can use the [ ].
너는 세탁기를 써도 돼.

You can use the [ ].
너는 진자레인지를 써도 돼.

I'd like to [ ].
나는 주문하고 싶다.

I'd like to [ ].
나는 전화하고 싶다.

I'd like to [ ].
나는 안에 머무르고 싶다.

I'd [ ] to [ ].
나는 밖에서 놀고 싶다.

[ ] like to [ ].
나는 문자를 보내고 싶다.

Day 69 Nation | Illnesses

1 빈칸을 채우며 듣자

137. Nation 국가

Spanish
스페인의
cf. Spain 스페인

Spa[ ]ish

Chinese
중국의
cf. China 중국

C[ ]inese

French
프랑스의
cf. France 프랑스

Fren[ ]h

British
영국의
cf. the U.K. 영국

[ ]ritish

Italian
이탈리아의
cf. Italy 이탈리아

It[ ]lian

138. Illnesses 질병

headache
두통

heada[ ]he

stomachache
복통

stom[ ]chache

toothache
치통

too[ ]hache

cough
기침

cou[ ]h

runny nose
콧물

run[ ]y nose

2 또박또박 쓰면서 외우자

두 번 이상 써 보세요.

큰 소리로 읽으며 쓰고 있지요?

3 빈칸은 채우고 문장으로 말하자

Do you know any [　　　] songs?

너는 스페인의 노래를 좀 아니?

Do you know any [　　　] songs?

너는 중국의 노래를 좀 아니?

[　] you know any [　　　] songs?

너는 프랑스의 노래를 좀 아니?

Do you [　　] any [　　　] songs?

너는 영국의 노래를 좀 아니?

Do you know [　] [　　　] songs?

너는 이딜리아의 노래를 좀 아니?

I have a [　　　].

나는 두통이 있다.

I have a [　　　].

나는 복통이 있다.

I have a [　　　].

나는 치통이 있다.

I [　　] a [　　　].

나는 기침을 한다.

[　] have a [　　　].

나는 콧물이 있다.

도전! 영단어 TEST

우리말은 알맞은 영단어를, 영단어는 우리말 뜻을 쓰세요.

❶ 프랑스의
_____

❷ 영국의
_____

❸ 콧물
_____

❹ 복통
_____

❺ 기침
_____

❻ Spanish
_____

❼ toothache
_____

❽ Chinese
_____

❾ Italian
_____

❿ headache
_____

★ [Day 68]에서 배웠어요!
⓫ vacuum cleaner
_____

⓬ 전화하다
_____

A. 영단어는 우리말 뜻을, 우리말은 알맞은 영단어를 쓰세요.

Jobs | Action

1 traveler _____

2 fashion designer _____

3 pilot _____

4 nod _____

5 bow _____

6 코미디언 _____

7 동물원 사육사 _____

8 박수를 치다 _____

9 흔들다 _____

10 긁다 _____

Home Devices | Action

11 refrigerator _____

12 air conditioner _____

13 microwave oven _____

14 call _____

15 play outside _____

16 청소기 _____

17 세탁기 _____

18 주문하다 _____

19 안에 머무르다 _____

20 문자를 보내다 _____

Nation | Illnesses

21 Spanish _____

22 French _____

23 Italian _____

24 stomachache _____

25 cough _____

26 중국의 _____

27 영국의 _____

28 두통 _____

29 치통 _____

30 콧물 _____

B. 들려주는 영단어에 해당하는 우리말 뜻을 고르세요.

1 여행가 ☐   동물원 사육사 ☐   6 고개를 숙이다 ☐   고개를 끄덕이다 ☐

2 에어컨 ☐   세탁기 ☐   7 냉장고 ☐   청소기 ☐

3 안에 머무르다 ☐   밖에서 놀다 ☐   8 전화하다 ☐   문자를 보내다 ☐

4 스페인의 ☐   중국의 ☐   9 프랑스의 ☐   영국의 ☐

5 복통 ☐   치통 ☐   10 두통 ☐   콧물 ☐

C. 퍼즐에 '숨어 있는 영단어'를 모두 찾아 ◯표 하세요.

빈칸에 영단어를 채워 보세요!   숨어 있는 영단어

1 조종사 ☐☐☐☐☐   4 주문하다 ☐☐☐☐☐

2 박수를 치다 ☐☐☐☐   5 긁다 ☐☐☐☐☐☐☐

3 흔들다 ☐☐☐☐☐   6 기침 ☐☐☐☐☐

p	j	z	b	j	r	y	l
i	t	t	r	e	n	o	h
l	v	i	d	c	l	a	b
o	j	r	c	o	u	g	h
t	o	i	c	p	u	g	h
c	s	h	a	k	e	a	n
l	d	l	y	x	b	n	p
s	c	r	a	t	c	h	j

가로, 세로, 대각선에 영단어 6개가 숨어 있어요!

Day 70 Advice | Opposites

1 빈칸을 채우며 듣자

139. Advice 조언

go and see a doctor 의사를 만나보다 [병원에 가다]	go and □ee a do□tor
get some rest 쉬다	ge□ some re□t
take some medicine 약을 먹다	ta□e some medic□ne
drink warm water 따뜻한 물을 마시다	dri□k warm w□ter
wake up early 일찍 일어나다	w□ke up e□rly

140. Opposites 반의어

cheap (값이) 싼	c□eap
expensive (값이) 비싼	ex□ensive
easy 쉬운	□asy
difficult 어려운	di□ficult
interesting 재미있는	intere□ting
boring 지루한	bo□ing

2 또박또박 쓰면서 외우자

🗣 두 번 이상 써 보세요.

🗣 큰 소리로 읽으며 쓰고 있지요?

3 빈칸을 채우고 문장으로 말하자

You should [_____].

너는 병원에 가는 게 좋겠다.

You should [_____].

너는 쉬는 게 좋겠다.

You should [_____].

너는 약을 먹는 게 좋겠다.

[_____] **should** [_____].

너는 따뜻한 물을 마시는 게 좋겠다.

You [_____] [_____].

너는 일찍 일어나는 게 좋겠다.

It is [_____].

그것은 (값이) 싸다.

It is [_____].

그것은 (값이) 비싸다.

It is [_____].

그것은 쉽다.

It is [_____].

그것은 어렵다.

[_____] **is** [_____].

그것은 재미있다.

It [_____] [_____].

그것은 지루하다.

❶ 일찍 일어나다

_____

❷ 따뜻한 물을 마시다

_____

❸ 어려운

_____

❹ 쉬운

_____

❺ (값이) 비싼

_____

❻ interesting

_____

❼ go and see a doctor

_____

❽ boring

_____

❾ cheap

_____

❿ get some rest

_____

⓫ take some medicine

_____

Day 71 Comparative | Action

1 빈칸을 채우며 듣자

141. Comparative 비교

bigger 더 큰	bi⬜ger
stronger 더 강한	strong⬜r
faster 더 빠른	f⬜ster
heavier 더 무거운	heav⬜er
shorter 더 짧은	s⬜orter

142. Action 동작

exercise 운동하다	e⬜ercise
upload photos 사진을 올리다	uplo⬜d p⬜otos
eat fast food 패스트푸드를 먹다	eat f⬜st ⬜ood
wash your car 네 차를 세차하다	⬜ash your c⬜r
stay up late 늦게까지 깨어 있다	st⬜y up la⬜e

2 또박또박 쓰면서 외우자

🖊 두 번 이상 써 보세요.

🖊 큰 소리로 읽으며 쓰고 있지요?

3 빈칸은 채우고 문장으로 말하자

It is [   ] than a dog.

그것은 개보다 더 크다.

It is [   ] than a dog.

그것은 개보다 더 강하다.

It is [   ] than a dog.

그것은 개보다 더 빠르다.

It is [   ] [   ] a dog.

그것은 개보다 더 무겁다.

It is [   ] than a [   ].

그것은 개보다 더 짧다.

How often do you [   ]?

너는 얼마나 자주 운동하니?

How often do you [   ]?

너는 얼마나 자주 사진을 올리니?

How often do you [   ]?

너는 얼마나 자주 패스트푸드를 먹니?

How often do you [   ]?

너는 얼마나 자주 세차하니?

[   ] often do you [   ]?

너는 얼마나 자주 늦게까지 깨어 있니?

도전! 영단어 TEST

우리말은 알맞은 영단어를, 영단어는 우리말 뜻을 쓰세요.

❶ 운동하다

❷ 더 무거운

❸ 네 차를 세차하다

❹ 더 빠른

❺ 더 강한

❻ stay up late

❼ shorter

❽ bigger

❾ upload photos

❿ eat fast food

★ [Day 70]에서 배웠어요!
⓫ drink warm water

⓬ 지루한

204

Day 72 Frequency | Environment

1 빈칸을 채우며 듣자

143. Frequency 빈도

once 한 번	o⬜ce
twice 두 번	twi⬜e
three times 세 번	t⬜ree ti⬜es
four times 네 번	fo⬜r time⬜
five times 다섯 번	fi⬜e t⬜mes

144. Environment 환경

air pollution 공기 오염(대기 오염)	⬜ir poll⬜tion
noise pollution 소음 공해	no⬜se pollution
water pollution 물 오염(수질 오염)	wa⬜er pollut⬜on
fine dust 미세 먼지	fi⬜e d⬜st
global warming 지구 온난화	glo⬜al wa⬜ming

2 또박또박 쓰면서 외우자

두 번 이상 써 보세요.

큰 소리로 읽으며 쓰고 있지요?

3 빈칸을 채우고 문장으로 말하자

I exercise ☐ a week.

나는 일주일에 한 번 운동한다.

I exercise ☐ a week.

나는 일주일에 두 번 운동한다.

I exercise ☐ a week.

나는 일주일에 세 번 운동한다.

I ☐ ☐

a week. 나는 일주일에 네 번 운동한다.

I exercise ☐ a ☐ .

나는 일주일에 다섯 번 운동한다.

There is serious ☐ .

심각한 공기 오염(대기 오염)이 있다.

There is serious ☐ .

심각한 소음 공해가 있다.

There is serious ☐ .

심각한 물 오염(수질 오염)이 있다.

There is ☐ ☐ .

심각한 미세 먼지가 있다.

☐ is serious

☐ . 심각한 지구 온난화가 있다.

A. 영단어는 우리말 뜻을, 우리말은 알맞은 영단어를 쓰세요.

Advice | Opposites

1 go and see a doctor _____

2 take some medicine _____

3 wake up early _____

4 expensive _____

5 difficult _____

6 boring _____

7 쉬다 _____

8 따뜻한 물을 마시다 _____

9 (값이) 싼 _____

10 쉬운 _____

11 재미있는 _____

Comparative | Action

12 bigger _____

13 faster _____

14 shorter _____

15 upload photos _____

16 wash your car _____

17 더 강한 _____

18 더 무거운 _____

19 운동하다 _____

20 패스트푸드를 먹다 _____

21 늦게까지 깨어 있다 _____

Frequency | Environment

22 once _____

23 three times _____

24 five times _____

25 noise pollution _____

26 fine dust _____

27 두 번 _____

28 네 번 _____

29 공기 오염(대기 오염) _____

30 물 오염(수질 오염) _____

31 지구 온난화 _____

B. 들려주는 영단어에 해당하는 우리말 뜻을 고르세요.

1	의사를 만나보다 ☐	쉬다 ☐		6	일찍 일어나다 ☐	따뜻한 물을 마시다 ☐
2	재미있는 ☐	지루한 ☐		7	쉬운 ☐	어려운 ☐
3	더 강한 ☐	더 무거운 ☐		8	패스트푸드를 먹다 ☐	네 차를 세차하다 ☐
4	사진을 올리다 ☐	약을 먹다 ☐		9	세 번 ☐	네 번 ☐
5	공기 오염 ☐	물 오염 ☐		10	미세 먼지 ☐	소음 공해 ☐

C. 퍼즐에 '숨어 있는 영단어'를 모두 찾아 ◯표 하세요.

빈칸에 영단어를
채워 보세요!

숨어 있는 영단어

1 한 번 ☐☐☐☐

4 더 빠른 ☐☐☐☐☐☐

2 더 짧은 ☐☐☐☐☐☐☐

5 두 번 ☐☐☐☐☐☐

3 운동하다 ☐☐☐☐☐☐☐☐

6 (값이) 싼 ☐☐☐☐☐

o	u	c	z	e	a	e	e
v	f	a	s	t	e	r	x
t	e	d	i	c	o	n	e
u	s	h	o	r	t	e	r
t	c	h	e	a	p	g	c
c	h	c	a	p	k	v	i
v	n	q	h	o	s	v	s
o	e	o	t	w	i	c	e

가로, 세로,
대각선에 영단어
6개가 숨어 있어요!

Compounds | Future

1 빈칸을 채우며 듣자

145. Compounds 합성어

moonlight 달빛	mo◻nlight
starfish 불가사리	star◻ish
popcorn 팝콘	popco◻n
fishbowl 어항	fishbo◻l
wheelchair 휠체어	w◻eelchair

146. Future 미래

eat out 외식하다	e◻t ◻ut
take a walk 산책하다	ta◻e a wa◻k
have a pet 반려 동물을 키우다	ha◻e a ◻et
make new friends 새 친구들을 사귀다	◻ake new fr◻ends
take a trip 여행하다	tak◻ a tri◻

2 또박또박 쓰면서 외우자

두 번 이상 써 보세요.

큰 소리로 읽으며 쓰고 있지요?

3 빈칸은 채우고 문장으로 말하자

Look at the _____.

달빛을 봐.

Look at the _____.

불가사리를 봐.

Look at _____.

팝콘을 봐.

_____ at the _____.

어항을 봐.

Look ___ the _____.

휠체어를 봐.

They're going to _____.

그들은 외식할 예정이다.

They're going to _____.

그들은 산책할 예정이다.

They're going to _____.

그들은 반려 동물을 키울 예정이다.

They're _____ to

_____.

그들은 새 친구들을 사귈 예정이다.

_____ going to _____.

그들은 여행할 예정이다.

도전! 영단어 TEST

우리말은 알맞은 영단어를,
영단어는 우리말 뜻을 쓰세요.

❶ 휠체어

_____

❷ 새 친구들을 사귀다

_____

❸ 달빛

_____

❹ 반려 동물을 키우다

_____

❺ 불가사리

_____

❻ fishbowl

_____

❼ take a trip

_____

❽ eat out

_____

❾ popcorn

_____

❿ take a walk

_____

★ [Day 72]에서 배웠어요!

⓫ twice

_____

⓬ 물 오염(수질 오염)

Advice | Environment

1 빈칸을 채우며 듣자

147. Advice 조언

look left and right 왼쪽과 오른쪽을 보다	look le◻t and ri◻ht
stop at the red light 빨간불에 멈추다	s◻op at the red ◻ight
use the crosswalk 횡단보도를 이용하다	◻se the cross◻alk
stay behind the line 선 뒤에 있다	s◻ay behind the li◻e
wear your seatbelt 네 안전벨트를 매다	w◻ar your seat◻elt

148. Environment 환경

save 아끼다	sa◻e
recycle 재활용하다	r◻cycle
reuse 재사용하다	re◻se
turn off 끄다	t◻rn o◻f
reduce 줄이다	r◻duce

2 또박또박 쓰면서 외우자

두 번 이상 써 보세요.

큰 소리로 읽으며 쓰고 있지요?

3 빈칸은 채우고 문장으로 말하자

Don't forget to

왼쪽과 오른쪽을 보는 것을 잊지 마.

_____.

Don't forget to

빨간불에 멈추는 것을 잊지 마.

_____.

Don't forget to

횡단보도를 이용하는 것을 잊지 마.

_____.

Don't [_____] **to**

선 뒤에 서는 것을 잊지 마.

_____.

[_____] **forget to**

네 안전벨트를 매는 것을 잊지 마.

_____.

We should [_____] **it.**

우리는 그것을 아껴야 한다.

We should [_____] **it.**

우리는 그것을 재활용해야 한다.

We should [_____] **it.**

우리는 그것을 재사용해야 한다.

[_____] **should** [_____] **it** [_____] .

우리는 그것을 꺼야 한다.

We [_____] [_____] **it.**

우리는 그것을 줄여야 한다.

도전! 영단어 TEST

우리말은 알맞은 영단어를,
영단어는 우리말 뜻을 쓰세요.

❶ 재사용하다

_____

❷ 재활용하다

_____

❸ 빨간불에 멈추다

_____

❹ 네 안전벨트를 매다

_____

❺ 선 뒤에 있다

_____

❻ turn off

_____

❼ reduce

_____

❽ save

_____

❾ look left and right

_____

❿ use the crosswalk

_____

★ [Day 73]에서 배웠어요!
⓫ wheelchair

_____

⓬ 외식하다

_____

Day 75 Environment | Special Events

213

1 빈칸을 채우며 듣자

149. Environment 환경

clean a park
공원을 청소하다

cle□n a p□rk

pick up trash
쓰레기를 줍다

pic□ up t□ash

use the stairs
계단을 이용하다

u□e the sta□rs

reuse bottles
병을 재사용하다

reu□e bo□tles

take a short shower
짧게 샤워하다

ta□e a short
s□ower

150. Special Events 행사

birthday party
생일 파티

bi□thday p□rty

graduation
졸업식

gra□uation

talent show
장기 자랑 대회

tal□nt sh□w

movie festival
영화 축제

m□vie festi□al

sports day
운동회

s□orts da□

2 또박또박 쓰면서 외우자

✎ 두 번 이상 써 보세요.

✎ 큰 소리로 읽으며 쓰고 있지요?

3 빈칸은 채우고 문장으로 말하자

How about ⬚ ing ⬚ ?
공원을 청소하는 게 어때?

How about ⬚ ing ⬚ ?
쓰레기를 줍는 게 어때?

How about using the ⬚ ?
계단(들)을 이용하는 게 어때? ⊕ use나 take처럼 -e로 끝나는 동사에는 e를 빼고 -ing를 붙여요.

How about ⬚ ?
병(들)을 재사용하는 게 어때?

How about ⬚ ?
짧게 샤워하는 게 어때?

Will you come to the
⬚ ? 생일 파티에 와 줄래?

Will you come to ⬚ ?
졸업식에 와 줄래?

Will you come to the ⬚ ?
장기 자랑 대회에 와 줄래?

⬚ you come to the
⬚ ? 영화 축제에 와 줄래?

Will you ⬚ to the
⬚ ? 운동회에 와 줄래?

도전! 영단어 TEST

우리말은 알맞은 영단어를, 영단어는 우리말 뜻을 쓰세요.

❶ 졸업식
_____

❷ 짧게 샤워하다
_____

❸ 운동회
_____

❹ 계단을 이용하다
_____

❺ 쓰레기를 줍다
_____

❻ reuse bottles
_____

❼ movie festival
_____

❽ birthday party
_____

❾ talent show
_____

❿ clean a park
_____

★ [Day 74]에서 배웠어요!
⓫ reuse
_____

⓬ 왼쪽과 오른쪽을 보다
_____

A. 영단어는 우리말 뜻을, 우리말은 알맞은 영단어를 쓰세요.

Compounds | Future

1 moonlight _____

2 popcorn _____

3 wheelchair _____

4 take a walk _____

5 make new friends _____

6 불가사리 _____

7 어항 _____

8 외식하다 _____

9 반려 동물을 키우다 _____

10 여행하다 _____

Advice | Environment

11 look left and right _____

12 use the crosswalk _____

13 wear your seatbelt _____

14 recycle _____

15 reduce _____

16 빨간불에 멈추다 _____

17 선 뒤에 있다 _____

18 아끼다 _____

19 재사용하다 _____

20 끄다 _____

Environment | Special Events

21 use the stairs _____

22 reuse bottles _____

23 take a short shower _____

24 graduation _____

25 movie festival _____

26 쓰레기를 줍다 _____

27 공원을 청소하다 _____

28 생일 파티 _____

29 장기 자랑 대회 _____

30 운동회 _____

B. 들려주는 영단어에 해당하는 우리말 뜻을 고르세요.

1 달빛 ☐ │ 휠체어 ☐

2 외식하다 ☐ │ 산책하다 ☐

3 아끼다 ☐ │ 재활용하다 ☐

4 빨간불에 멈추다 ☐ │ 선 뒤에 있다 ☐

5 졸업식 ☐ │ 운동회 ☐

6 어항 ☐ │ 불가사리 ☐

7 여행하다 ☐ │ 새 친구들을 사귀다 ☐

8 생일 파티 ☐ │ 장기 자랑 대회 ☐

9 계단을 이용하다 ☐ │ 병을 재사용하다 ☐

10 쓰레기를 줍다 ☐ │ 짧게 샤워하다 ☐

C. 퍼즐에 '숨어 있는 영단어'를 모두 찾아 ◯표 하세요.

빈칸에 영단어를
채워 보세요!

숨어 있는 영단어

1 팝콘 ☐☐☐☐☐☐

2 아끼다 ☐☐☐

3 어항 ☐☐☐☐☐☐☐

4 줄이다 ☐☐☐☐☐

5 불가사리 ☐☐☐☐☐☐☐☐

6 재사용하다 ☐☐☐☐☐

f	t	r	m	u	e	s	q
i	v	e	i	v	p	t	p
s	v	u	a	w	o	a	r
h	w	s	r	z	p	r	e
b	p	e	t	x	c	f	d
o	i	i	v	d	o	i	u
w	j	v	k	q	r	s	c
l	h	g	y	j	n	h	e

세로와
대각선에 영단어
6개가 숨어 있어요!

Day 76 Body | Vegetables

1 빈칸을 채우며 듣자

151. Body 신체

finger 손가락	fi☐ger
toe 발가락	to☐
elbow 팔꿈치	e☐bow
shoulder 어깨	s☐oulder
knee 무릎	kn☐e

152. Vegetables 채소

pumpkin 호박	pum☐kin
cabbage 양배추	cab☐age
spinach 시금치	spina☐h
cucumber 오이	cuc☐mber
garlic 마늘	garli☐

2 또박또박 쓰면서 외우자

두 번 이상 써 보세요.

큰 소리로 읽으며 쓰고 있지요?

3 빈칸은 채우고 문장으로 말하자

My [   ]s hurt.
내 손가락들이 아프다.

My [   ]s hurt.
내 발가락들이 아프다.

My [   ]s hurt.
내 팔꿈치들이 아프다.

[   ] [   ]s hurt.
내 어깨들이 아프다.

My [   ]s [   ].
내 무릎들이 아프다.

Chop this [   ].
이 호박을 썰어.

Chop this [   ].
이 양배추를 썰어.

Chop this [   ].
이 시금치를 썰어.

Chop [   ] [   ].
이 오이를 썰어.

[   ] this [   ].
이 마늘을 썰어.

도전! 영단어 TEST

우리말은 알맞은 영단어를,
영단어는 우리말 뜻을 쓰세요.

❶ 양배추

❷ 팔꿈치

❸ 무릎

❹ 시금치

❺ 어깨

❻ finger

❼ cucumber

❽ garlic

❾ toe

❿ pumpkin

★ [Day 75]에서 배웠어요!
⓫ pick up trash

⓬ 영화 축제

218

Figures | Opposites

1 빈칸을 채우며 듣자

153. Figures 도형

square 정사각형	s⬜uare ▪
triangle 삼각형	tri⬜ngle
circle 원형	ci⬜cle ●
rectangle 직사각형	re⬜tangle
oval 타원형	o⬜al

154. Opposites 반의어

rich 부자인	ric⬜
poor 가난한	p⬜or
curly 곱슬곱슬한	⬜urly
straight 곧은	str⬜ight
noisy 시끄러운	nois⬜
quiet 조용한	qui⬜t

2 또박또박 쓰면서 외우자

🖊 두 번 이상 써 보세요.

🖊 큰 소리로 읽으며 쓰고 있지요?

3 빈칸은 채우고 문장으로 말하자

Look at the [ ].
정사각형을 봐.

Look at the [ ]. ▲
삼각형을 봐.

Look at the [ ].
원형을 봐.

[ ] at the [ ].
직사각형을 봐.

Look [ ] the [ ]. ⬭
타원형을 봐.

She is [ ].
그녀는 부자이다.

He is [ ].
그는 가난하다.

She [ ] [ ] hair.
그녀는 곱슬곱슬한 머리카락을 갖고 있다.

[ ] has [ ] hair.
그는 곧은 머리카락을 갖고 있다.

He [ ] [ ].
그는 시끄럽다.

[ ] is [ ].
그녀는 조용하다.

220

❶ 가난한
_____

❷ 직사각형
_____

❸ 시끄러운
_____

❹ 원형
_____

❺ 삼각형
_____

❻ oval
_____

❼ curly
_____

❽ quiet
_____

❾ square
_____

❿ straight
_____

⓫ rich
_____

도전! 영단어 TEST

Day 78 Feelings | Insects

1 빈칸을 채우며 듣자

155. Feelings 감정

shocked 충격을 받은	shoc☐ed
nervous 긴장한	ner☐ous
upset 화가 난	u☐set
friendly 다정한	friendl☐
serious 진지한	s☐rious

156. Insects 곤충

ladybug 무당벌레	lady☐ug
mosquito 모기	mos☐uito
moth 나방	mo☐h
butterfly 나비	bu☐terfly
grasshopper 메뚜기	grassho☐per

2 또박또박 쓰면서 외우자

두 번 이상 써 보세요.

큰 소리로 읽으며 쓰고 있지요?

221

3 빈칸은 채우고 문장으로 말하자

He is [_____].
그는 충격을 받는다.

She is [_____].
그녀는 긴장한다.

He is [_____].
그는 화가 난다.

[___] is [_____].
그녀는 다정하다.

He [___] [_____].
그는 진지하다.

There are many [_____]s.
많은 무당벌레(들)이 있다.

There are many [_____]es.
많은 모기(들)이 있다.

There are many [_____]s.
많은 나방(들)이 있다.

There are [_____] [_____].
많은 나비(들)이 있다.
└─ ✚ y로 끝나는 명사는 y를 i로 고친 후 es를 붙여요.

[_____] are many [_____]s.
많은 메뚜기(들)이 있다.

도전! 영단어 TEST

우리말은 알맞은 영단어를,
영단어는 우리말 뜻을 쓰세요.

❶ 나비
_____

❷ 무당벌레
_____

❸ 다정한
_____

❹ 진지한
_____

❺ 모기
_____

❻ grasshopper
_____

❼ moth
_____

❽ nervous
_____

❾ shocked
_____

❿ upset
_____

★ [Day 77]에서 배웠어요!
⓫ straight
_____

⓬ 타원형
_____

모아서 복습하기 · · · Day 76~78

A. 영단어는 우리말 뜻을, 우리말은 알맞은 영단어를 쓰세요.

Body | Vegetables

1 finger _____

2 elbow _____

3 knee _____

4 cabbage _____

5 cucumber _____

6 발가락 _____

7 어깨 _____

8 호박 _____

9 시금치 _____

10 마늘 _____

Figures | Opposites

11 square _____

12 circle _____

13 oval _____

14 poor _____

15 noisy _____

16 curly _____

17 삼각형 _____

18 직사각형 _____

19 부자인 _____

20 조용한 _____

21 곧은 _____

Feelings | Insects

22 ladybug _____

23 moth _____

24 grasshopper _____

25 nervous _____

26 friendly _____

27 모기 _____

28 나비 _____

29 충격을 받은 _____

30 화가 난 _____

31 진지한 _____

B. 들려주는 영단어에 해당하는 우리말 뜻을 고르세요.

1 손가락 ☐   발가락 ☐   6 어깨 ☐   무릎 ☐

2 호박 ☐   양배추 ☐   7 시금치 ☐   마늘 ☐

3 정사각형 ☐   직사각형 ☐   8 원형 ☐   타원형 ☐

4 나비 ☐   나방 ☐   9 다정한 ☐   진지한 ☐

5 부자인 ☐   가난한 ☐   10 곧은 ☐   곱슬곱슬한 ☐

C. 퍼즐에 '숨어 있는 영단어'를 모두 찾아 ◯표 하세요.

빈칸에 영단어를 채워 보세요!   숨어 있는 영단어

1 조용한 ☐☐☐☐☐   4 삼각형 ☐☐☐☐☐☐☐☐

2 팔꿈치 ☐☐☐☐☐   5 무당벌레 ☐☐☐☐☐☐☐

3 마늘 ☐☐☐☐☐☐   6 화가 난 ☐☐☐☐☐

t	r	i	a	n	g	l	e
g	a	r	l	i	c	y	m
u	e	c	a	o	n	s	f
p	l	t	d	n	u	t	h
s	b	j	y	v	e	b	y
e	o	l	b	i	u	d	t
t	w	w	u	h	a	b	g
f	g	q	g	s	z	c	l

가로, 세로, 대각선에 영단어 6개가 숨어 있어요!

Continents | Disasters

1 빈칸을 채우며 듣자

157. Continents 대륙

South America 남아메리카	S□uth Americ□
North America 북아메리카	No□th Am□rica
Europe 유럽	E□rope
Asia 아시아	A□ia
Oceania 오세아니아	Oce□nia
Africa 아프리카	A□rica

158. Disasters 재해

earthquake 지진	earth□uake
typhoon 태풍	t□phoon
flood 홍수	□lood
drought 가뭄	dro□ght

2 또박또박 쓰면서 외우자

두 번 이상 써 보세요.

큰 소리로 읽으며 쓰고 있지요?

3 빈칸을 채우고 문장으로 말하자

You can see ⬚ on this map. 너는 이 지도에서 남아메리카를 볼 수 있다.

You can see ⬚ on this map. 너는 이 지도에서 북아메리카를 볼 수 있다.

You can see ⬚ on this map.
너는 이 지도에서 유럽을 볼 수 있다.

You can see ⬚ on this map.
너는 이 지도에서 아시아를 볼 수 있다.

You can ⬚ ⬚ on this map.
너는 이 지도에서 오세아니아를 볼 수 있다.

You can see ⬚ on this ⬚.
너는 이 지도에서 아프리카를 볼 수 있다.

It was the biggest ⬚.
그것은 가장 큰 지진이었다.

It was the biggest ⬚.
그것은 가장 큰 태풍이었다.

It was the ⬚ ⬚.
그것은 가장 큰 홍수였다.

⬚ was the biggest ⬚.
그것은 가장 큰 가뭄이었다.

도전! 영단어 TEST

우리말은 알맞은 영단어를, 영단어는 우리말 뜻을 쓰세요.

❶ 아시아

❷ 가뭄

❸ 지진

❹ 북아메리카

❺ 홍수

❻ Africa

❼ typhoon

❽ Europe

❾ South America

❿ Oceania

★ [Day 78]에서 배웠어요!
⓫ friendly

⓬ 나방

Day 80 Things to Do

1 빈칸을 채우며 듣자

159. Things to Do 할 일

check 확인하다	c⬚eck
remember 기억하다	reme⬚ber
repeat 반복하다	re⬚eat
practice 연습하다	pra⬚tice
focus 집중하다	foc⬚s

2 또박또박 쓰면서 외우자

🚀 두 번 이상 써 보세요.

3 빈칸은 채우고 문장으로 말하자

You have to ⬚⬚⬚ it.
너는 그것을 확인해야 한다.

You have to ⬚⬚⬚ it.
너는 그것을 기억해야 한다.

You have to ⬚⬚⬚ it.
너는 그것을 반복해야 한다.

⬚⬚⬚ have to ⬚⬚⬚ it.
너는 그것을 연습해야 한다.

You have to ⬚⬚⬚ ⬚⬚.
너는 그것에 집중해야 한다.

도전! 영단어 TEST

우리말은 알맞은 영단어를, 영단어는 우리말 뜻을 쓰세요.

❶ 기억하다

❷ 반복하다

❸ 확인하다

❹ focus

❺ practice

227

A. 영단어는 우리말 뜻을, 우리말은 알맞은 영단어를 쓰세요.

Continents | Disasters

1 South America _____

2 Asia _____

3 Africa _____

4 typhoon _____

5 drought _____

6 북아메리카 _____

7 유럽 _____

8 오세아니아 _____

9 지진 _____

10 홍수 _____

Things to Do

11 check _____

12 repeat _____

13 remember _____

14 집중하나 _____

15 연습하다 _____

B. 들려주는 영단어에 해당하는 우리말 뜻을 고르세요.

QR을 찍으면 음원이 나와요~

1 남아메리카 ☐ | 북아메리카 ☐

2 오세아니아 ☐ | 아프리카 ☐

3 홍수 ☐ | 가뭄 ☐

4 반복하다 ☐ | 연습하다 ☐

5 유럽 ☐ | 아시아 ☐

6 지진 ☐ | 태풍 ☐

7 확인하다 ☐ | 기억하다 ☐

8 집중하다 ☐ | 확인하다 ☐

바빠 초등
필수 영단어
트레이닝 쓰면서 끝내기

정 답

① 정답을 확인한 후 틀린 문제는 ☆표를 쳐 놓으세요~

② 그리고 그 문제들만 다시 풀어 보는 습관을 들이면 최고!

✔ 틀린 문제를 확인하는 습관을 들이면 공부 실력을 키울 수 있어요!

Day 1

10쪽

★ 빈칸은 채우고 문장으로 말하자

apple / banana / grape / I, pear / like, strawberries /
bread / hamburger / fish / you, pizza / like, salad

★ 도전! 영단어 TEST

1 bread　　　2 strawberry　　　3 pear
4 hamburger　5 fish　　　　　　6 피자
7 사과　　　　8 바나나　　　　　9 포도
10 샐러드

Day 2

12쪽

★ 빈칸은 채우고 문장으로 말하자

ball / clock / book / is, cup / It, hat / dog / cat / rabbit
/ Is, horse / it, bird

★ 도전! 영단어 TEST

1 cat　　　　2 book　　　　3 cup
4 clock　　　5 horse　　　 6 개
7 공　　　　 8 토끼　　　　 9 모자
10 새　　　　11 생선, 물고기　12 grape

Day 3

14쪽

★ 빈칸은 채우고 문장으로 말하자

swim / ski / jump / can, read / I, write / dad / mom /
brother / my, sister / He, is, baby

★ 도전! 영단어 TEST

1 mom　　　　2 ski　　　　　3 jump
4 sister　　　5 write　　　　6 아빠
7 수영하다　　8 형, 오빠, 남동생　9 읽다
10 아기　　　11 시계　　　　12 horse

Review 1

15~16쪽

A

1 사과　　　　　2 바나나　　　　3 배
4 생선, 물고기　5 피자　　　　　6 strawberry
7 grape　　　　8 bread　　　　9 hamburger
10 salad　　　　11 공　　　　　12 책
13 모자　　　　14 고양이　　　15 말
16 clock　　　　17 cup　　　　18 dog
19 rabbit　　　 20 bird　　　　21 형, 오빠, 남동생
22 높이 뛰다　　23 쓰다　　　　24 엄마
25 누나, 언니, 여동생　　　　　26 ski
27 read　　　　28 dad　　　　29 swim
30 baby

B

1 사과　　　　2 포도　　　　3 모자
4 토끼　　　　5 읽다　　　　6 샐러드
7 엄마　　　　8 컵　　　　　9 말
10 여동생

C

1 apple　　　　2 baby　　　　3 jump
4 swim　　　　5 bird　　　　6 book

l	k	u	m	w	g	k	p
k	e	i	a	p	p	l	e
t	w	c	g	q	z	v	u
s	r	l	j	u	m	p	b
c	s	z	j	d	m	n	a
e	w	k	r	o	v	n	b
c	g	i	s	x	f	d	y
f	b	p	b	o	o	k	n

 4 Day 18쪽

⭐ 빈칸은 채우고 문장으로 말하자

friend / family / student / is, robot / This, doll / eye / nose / mouth / are, ear / This, face

⭐ 도전! 영단어 TEST

1 nose	2 family	3 student
4 mouth	5 face	6 눈
7 친구	8 로봇	9 귀
10 인형	11 스키를 타다	12 brother

 5 Day 20쪽

⭐ 빈칸은 채우고 문장으로 말하자

head / arm / hand / have, feet / I, leg / dance / skate / walk / you, run / Can, fly

⭐ 도전! 영단어 TEST

1 foot	2 run	3 walk
4 head	5 arm	6 춤추다
7 스케이트를 타다	8 손	9 다리
10 날다	11 얼굴	12 eye

 6 Day 22쪽

⭐ 빈칸은 채우고 문장으로 말하자

pretty / cute / old / She, young / He, is, tall / small / big / fat / is, long / It, short

⭐ 도전! 영단어 TEST

1 fat	2 long	3 pretty
4 young	5 tall	6 작은
7 귀여운	8 나이든	9 큰
10 짧은	11 날다	12 leg

Review 2 23~24쪽

A

1 친구	2 학생	3 인형
4 코	5 귀	6 family
7 robot	8 eye	9 mouth
10 face	11 머리	12 손
13 다리	14 스케이트를 타다	15 달리다
16 arm	17 foot	18 dance
19 walk	20 fly	21 예쁜
22 나이든	23 키가 큰	24 큰
25 긴	26 cute	27 young
28 small	29 fat	30 short

B

1 친구	2 입	3 다리
4 걷다	5 어린	6 학생
7 얼굴	8 손	9 달리다
10 긴		

C

1 family	2 fat	3 fly
4 foot	5 mouth	6 young

b	k	l	f	g	k	a	f
o	z	s	s	k	c	t	a
r	u	a	q	j	y	f	m
r	m	z	f	o	o	t	i
i	z	o	r	h	u	r	l
f	f	y	u	v	n	f	y
t	h	l	z	t	g	a	i
m	o	e	y	i	h	t	z

231

 7 Day · 26쪽

★ 빈칸은 채우고 문장으로 말하자

black / green / red / is, yellow / It, blue / sunny /
snowing / raining / windy, today / It's, cloudy

★ 도전! 영단어 TEST

1 raining	2 yellow	3 black
4 blue	5 windy	6 화창한
7 흐린	8 빨간색의	9 초록색의
10 눈이 오고 있는	11 뚱뚱한	12 old

 8 Day · 28쪽

★ 빈칸은 채우고 문장으로 말하자

happy / sad / angry / you, thirsty / Are, hungry / bed /
sofa / table / There, curtain / is, lamp

★ 도전! 영단어 TEST

1 sad	2 hungry	3 sofa
4 curtain	5 table	6 행복한
7 침대	8 화가 난	9 전등
10 목마른	11 바람이 부는	12 red

 9 Day · 30쪽

★ 빈칸은 채우고 문장으로 말하자

desk / chair / door/ is, window / This, wall / pencil /
eraser / ruler / your, scissors / this, glue stick

★ 도전! 영단어 TEST

1 eraser	2 wall	3 desk
4 ruler	5 scissors	6 연필
7 의자	8 창문	9 문
10 풀	11 탁자	12 angry

Review 3 · 31~32쪽

A

1 검은색의	2 빨간색의	3 파란색의
4 눈이 오고 있는	5 바람이 부는	6 green
7 yellow	8 sunny	9 raining
10 cloudy	11 행복한	12 화가 난
13 배고픈	14 소파	15 커튼
16 sad	17 thirsty	18 bed
19 table	20 lamp	21 책상
22 문	23 벽	24 지우개
25 가위	26 chair	27 window
28 pencil	29 ruler	30 glue stick

B

1 노란색의	2 흐린	3 전등
4 의자	5 지우개	6 눈이 오고 있는
7 목마른	8 탁자	9 벽
10 풀		

C

1 bed	2 black	3 door
4 happy	5 pencil	6 sunny

d	u	d	o	o	r	s	l
b	k	u	i	y	t	u	m
e	l	a	p	h	d	n	j
d	r	p	w	q	x	n	a
m	a	u	o	c	x	y	n
h	z	b	l	a	c	k	j
g	a	p	s	a	n	j	c
h	a	p	e	n	c	i	l

 Day 10

34쪽

★ 빈칸은 채우고 문장으로 말하자

crayon / sketchbook / colored pencil / have, paint / you, paper / fork / chopsticks / spoon / have, bowl / don't, knife

★ 도전! 영단어 TEST

1 chopsticks	2 bowl	3 sketchbook
4 crayon	5 knife	6 포크
7 물감, 페인트	8 숟가락	9 색연필
10 종이	11 지우개	12 chair

 Day 11

36쪽

★ 빈칸은 채우고 문장으로 말하자

cow / duck / pig / many, chicken / How, donkey / computer / cap / watch / have, bag / I, umbrella

★ 도전! 영단어 TEST

1 computer	2 watch	3 duck
4 donkey	5 chicken	6 가방
7 우산	8 소	9 (챙이 달린) 모자
10 돼지	11 칼	12 colored pencil

 Day 12

38쪽

★ 빈칸은 채우고 문장으로 말하자

one / two / three / four / five, fish / six / seven / eight / nine, o'clock / It's, ten

★ 도전! 영단어 TEST

1 eight	2 five	3 nine
4 four	5 three	6 6, 여섯
7 2, 둘	8 1, 하나	9 7, 일곱
10 10, 열	11 손목 시계	12 donkey

 Review 4

39~40쪽

A

1 크레용	2 색연필	3 종이
4 젓가락	5 그릇	6 sketchbook
7 paint	8 fork	9 spoon
10 knife	11 소	12 돼지
13 당나귀	14 (챙이 달린) 모자	15 가방
16 duck	17 chicken	18 computer
19 watch	20 umbrella	21 1, 하나
22 3, 셋	23 5, 다섯	24 7, 일곱
25 9, 아홉	26 two	27 four
28 six	29 eight	30 ten

B

1 물감	2 젓가락	3 당나귀
4 4, 넷	5 7, 일곱	6 색연필
7 칼	8 손목 시계	9 5, 다섯
10 9, 아홉		

C

1 bag	2 chicken	3 crayon
4 duck	5 fork	6 two

r	l	k	g	a	c	y	x
m	c	h	i	c	k	e	n
g	c	d	e	r	d	g	i
b	r	l	o	y	a	e	e
p	a	f	n	b	e	i	f
b	y	e	w	r	l	l	t
z	o	d	u	c	k	d	w
c	n	n	p	t	w	a	o

Day 13 42쪽

★ 빈칸은 채우고 문장으로 말하자

eleven / twelve / thirteen / fourteen, years / fifteen,
old / white / brown / orange / is, pink / It, purple

★ 도전! 영단어 TEST

1 orange	2 fourteen	3 brown
4 twelve	5 eleven	6 13, 열셋
7 15, 열다섯	8 하얀색의	9 보라색의
10 분홍색의	11 4, 넷	12 seven

Day 14 44쪽

★ 빈칸은 채우고 문장으로 말하자

tomato / carrot / onion / These, potato /
are, vegetable / rice / steak / soup / want, noodle /
some, spaghetti

★ 도전! 영단어 TEST

1 soup	2 spaghetti	3 noodle
4 onion	5 vegetable	6 밥, 쌀
7 스테이크	8 토마토	9 당근
10 감자	11 주황색의	12 fifteen

Day 15 46쪽

★ 빈칸은 채우고 문장으로 말하자

salt / sugar / oil / need, butter / some, pepper /
spider / snake / frog / don't, ant / like, bee

★ 도전! 영단어 TEST

1 spider	2 bee	3 pepper
4 snake	5 oil	6 개미
7 설탕	8 개구리	9 소금
10 버터	11 밥, 쌀	12 vegetable

Review 5 47~48쪽

A

1 11, 열하나	2 13, 열셋	3 15, 열다섯
4 갈색의	5 분홍색의	6 twelve
7 fourteen	8 white	9 orange
10 purple	11 토마토	12 양파
13 채소	14 스테이크	15 국수, 면
16 carrot	17 potato	18 rice
19 soup	20 spaghetti	21 소금
22 기름	23 후추	24 뱀
25 개미	26 sugar	27 butter
28 spider	29 frog	30 bee

B

1 11, 열하나	2 보라색의	3 토마토
4 국수, 면	5 거미	6 14, 열넷
7 갈색의	8 채소	9 기름
10 벌		

C

| 1 butter | 2 white | 3 fifteen |
| 4 frog | 5 pepper | 6 sugar |

g	m	b	u	t	t	e	r
s	u	g	a	r	n	z	t
w	b	g	d	q	i	r	c
h	f	i	f	t	e	e	n
i	s	w	o	p	l	j	n
t	k	a	p	i	e	c	w
e	z	e	d	f	r	o	g
b	p	m	g	l	t	n	e

Day 16 50쪽

⭐ 빈칸은 채우고 문장으로 말하자

beach / sand / river / I, sky / see, desert / tree / star / flower / Look, moon / at, sun

⭐ 도전! 영단어 TEST

1 star	2 desert	3 beach
4 moon	5 sand	6 해
7 강	8 꽃	9 나무
10 하늘	11 후추	12 frog

Day 17 52쪽

⭐ 빈칸은 채우고 문장으로 말하자

monkey / lion / giraffe / That, elephant / is, bear / bicycle / car / bus / school, taxi / go, subway

⭐ 도전! 영단어 TEST

1 bicycle	2 car	3 monkey
4 subway	5 giraffe	6 사자
7 코끼리	8 버스	9 택시
10 곰	11 달	12 river

Day 18 54쪽

⭐ 빈칸은 채우고 문장으로 말하자

truck / ship / boat / get, train / on, airplane / kiwi / melon / watermelon / I, lemon / love, fruit

⭐ 도전! 영단어 TEST

1 watermelon	2 airplane	3 ship
4 truck	5 fruit	6 보트
7 기차	8 멜론	9 레몬
10 키위	11 자전거	12 giraffe

Review 6 55~56쪽

A

1 해변	2 강	3 사막
4 별	5 달	6 sand
7 sky	8 tree	9 flower
10 sun	11 원숭이	12 기린
13 곰	14 자동차	15 택시
16 lion	17 elephant	18 bicycle
19 bus	20 subway	21 트럭
22 보트	23 비행기	24 멜론
25 레몬	26 ship	27 train
28 kiwi	29 watermelon	30 fruit

B

1 해변	2 별	3 원숭이
4 자전거	5 비행기	6 모래
7 달	8 기린	9 배
10 과일		

C

1 bear	2 boat	3 flower
4 kiwi	5 river	6 subway

b	o	a	t	w	c	r	g
e	a	j	f	r	y	i	q
a	q	e	l	d	p	v	j
r	a	f	o	i	z	e	m
x	w	s	w	f	p	r	o
k	n	i	e	u	k	u	a
c	k	p	r	s	r	d	z
l	x	s	u	b	w	a	y

 Day 19 58쪽

★ 빈칸은 채우고 문장으로 말하자

morning / afternoon / evening / night / Good, day /
Close the door / Open the door / Come here /
Sit down / Stand up

★ 도전! 영단어 TEST

1 night	2 close the door	3 evening
4 stand up	5 open the door	6 오후
7 여기로 오다	8 날, 낮	9 앉다
10 아침	11 수박	12 train

 Day 20 60쪽

★ 빈칸은 채우고 문장으로 말하자

go / meet / work / eat / Let's, smile / basketball /
baseball / badminton / Let's, tennis / play, soccer

★ 도전! 영단어 TEST

1 basketball	2 smile	3 work
4 soccer	5 baseball	6 만나다
7 먹다	8 가다	9 테니스
10 배드민턴	11 문을 열다	12 afternoon

Review 7 61~62쪽

A

1 아침	2 저녁	3 날, 낮
4 문을 열다	5 앉다	6 afternoon
7 night	8 close the door	9 come here
10 stand up	11 가다	12 일하다
13 미소 짓다	14 야구	15 테니스
16 meet	17 eat	18 basketball
19 badminton	20 soccer	21 밤
22 문을 닫다	23 오후	24 만나다
25 일어서다	26 morning	27 open the door
28 baseball	29 tennis	30 day

B

1 아침	2 문을 열다	3 테니스
4 일하다	5 여기로 오다	6 날, 낮
7 일어서다	8 야구	9 만나다
10 저녁		

C

1 smile	2 work	3 meet
4 baseball	5 soccer	6 evening

g	e	b	i	c	m	j	f
w	v	a	f	s	u	b	e
o	e	s	o	c	c	e	r
r	n	e	s	b	b	g	o
k	i	b	m	m	z	y	t
g	n	a	i	b	h	e	q
d	g	l	l	o	e	y	k
g	h	l	e	m	g	l	d

 Day 21 66쪽

⭐ 빈칸은 채우고 문장으로 말하자

mother / father / son / This, daughter / my, parent / aunt / uncle / grandfather / She, grandmother / my, grandparent

⭐ 도전! 영단어 TEST

1 grandfather	2 grandmother	3 grandparent
4 parent	5 daughter	6 고모, 이모, 숙모
7 삼촌, 아저씨	8 아들	9 어머니
10 아버지	11 미소 짓다	12 badminton

 Day 22 68쪽

⭐ 빈칸은 채우고 문장으로 말하자

singer / dancer / driver / writer / She's, farmer / sick / full / sleepy / mad / I'm, busy

⭐ 도전! 영단어 TEST

1 farmer	2 full	3 driver
4 sleepy	5 singer	6 춤꾼, 댄서
7 작가	8 몹시 화가 난	9 바쁜
10 아픈	11 딸	12 son

 Day 23 70쪽

⭐ 빈칸은 채우고 문장으로 말하자

afraid / excited / surprised / you, tired / Are, sure / Monday / Tuesday / Wednesday / Thursday / Friday / Saturday / It's, Sunday

⭐ 도전! 영단어 TEST

1 Tuesday	2 afraid	3 Wednesday
4 Thursday	5 tired	6 Saturday
7 신난	8 일요일	9 놀란
10 월요일	11 금요일	12 확신하는

 Review 8 71~72쪽

A

1 어머니	2 아들	3 부모
4 고모, 이모, 숙모	5 할머니	6 father
7 daughter	8 uncle	9 grandfather
10 grandparent	11 가수	12 운전기사
13 농부	14 배부른	15 몹시 화가 난
16 dancer	17 writer	18 sick
19 sleepy	20 busy	21 두려운
22 놀란	23 확신하는	24 화요일
25 목요일	26 토요일	27 excited
28 tired	29 Monday	30 Wednesday
31 Friday	32 Sunday	

B

1 딸	2 할아버지	3 가수
4 화요일	5 졸린	6 아버지
7 조부모	8 농부	9 수요일
10 배부른		

C

1 afraid	2 dancer	3 excited
4 mad	5 tired	6 aunt

u	z	m	a	d	r	c	h
h	t	w	l	e	a	j	h
u	e	x	c	i	t	e	d
l	h	n	e	f	d	z	t
g	a	f	r	a	i	d	a
d	h	t	i	r	e	d	u
z	v	z	l	k	o	v	n
q	d	x	w	s	d	h	t

 24 74쪽

⭐ 빈칸은 채우고 문장으로 말하자

breakfast / lunch / dinner / It's, class / time, goodbye /
coffee / juice / milk / I, tea / drink, soda

⭐ 도전! 영단어 TEST

1 class	2 juice	3 milk
4 lunch	5 dinner	6 아침 식사
7 커피	8 차	9 탄산음료
10 안녕(작별 인사)	11 두려운	12 Sunday

 25 76쪽

⭐ 빈칸은 채우고 문장으로 말하자

chocolate / cheese / sandwich / you, cookie /
want, sausage / sweater / glove / sock / much, shoe /
How, scarf

⭐ 도전! 영단어 TEST

1 shoe	2 chocolate	3 glove
4 sock	5 sausage	6 치즈
7 스카프	8 샌드위치	9 쿠키
10 스웨터	11 우유	12 breakfast

 26 78쪽

⭐ 빈칸은 채우고 문장으로 말하자

hair / teeth / neck / I, lip / have, tongue / see / smell /
taste / I, hear / can't, touch

⭐ 도전! 영단어 TEST

1 touch	2 tongue	3 tooth
4 taste	5 smell	6 목
7 입술	8 보다	9 (소리를) 듣다
10 머리카락	11 양말	12 sandwich

Review 9 79~80쪽

A

1 아침 식사	2 저녁 식사	3 안녕(작별 인사)
4 주스	5 차	6 lunch
7 class	8 coffee	9 milk
10 soda	11 초콜릿	12 샌드위치
13 소시지	14 장갑	15 신발
16 cheese	17 cookie	18 sweater
19 sock	20 scarf	21 머리카락
22 목	23 혀	24 냄새를 맡다
25 (소리를) 듣다	26 tooth	27 lip
28 see	29 taste	30 touch

B

1 아침 식사	2 차	3 치즈
4 장갑	5 냄새를 맡다	6 저녁 식사
7 탄산음료	8 소시지	9 혀
10 (소리를) 듣다		

C

1 hair	2 neck	3 scarf
4 sweater	5 see	6 juice

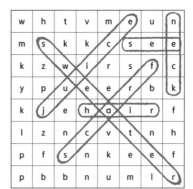

Day 27 82쪽

⭐ 빈칸은 채우고 문장으로 말하자

catch / hit / pass / can, throw / kick, ball / mountain / waterfall / sea / We'll, hill / visit, lake

⭐ 도전! 영단어 TEST

1 hill	2 mountain	3 hit
4 lake	5 throw	
6 패스하다, 건네주다	7 바다	8 폭포
9 잡다	10 (발로) 차다	11 맛보다
12 lip		

Day 28 84쪽

⭐ 빈칸은 채우고 문장으로 말하자

high / low / large / It, dark / is, quick / twenty / thirty / forty / It's, fifty / two, o'clock

⭐ 도전! 영단어 TEST

1 twenty	2 low	3 thirty
4 dark	5 forty	6 빠른
7 50, 쉰	8 큰	9 ~시
10 높은	11 산	12 waterfall

Day 29 86쪽

⭐ 빈칸은 채우고 문장으로 말하자

warm / hot / wet / Today, cold / is, dry / spring / summer / fall / weather, winter / How's, season

⭐ 도전! 영단어 TEST

1 summer	2 warm	3 fall
4 dry	5 cold	6 축축한
7 겨울	8 봄	9 더운
10 계절	11 큰	12 fifty

Review 10 87~88쪽

A

1 잡다	2 패스하다, 건네주다	
3 (발로) 차다	4 폭포	5 언덕
6 hit	7 throw	8 mountain
9 sea	10 lake	11 높은
12 큰	13 빠른	14 30, 서른
15 50, 쉰	16 low	17 dark
18 twenty	19 forty	20 o'clock
21 따뜻한	22 축축한	23 건조한
24 여름	25 겨울	26 hot
27 cold	28 spring	29 fall
30 season		

B

1 잡다	2 폭포	3 20, 스물
4 추운	5 여름	6 (발로) 차다
7 낮은	8 50, 쉰	9 축축한
10 가을		

C

1 pass	2 dark	3 large
4 twenty	5 warm	6 season

s	o	d	x	s	s	s	e	h
a	w	v	a	i	e	e	n	x
y	m	a	s	g	a	t	t	m
g	d	a	r	k	s	w	w	r
j	p	a	b	m	o	e	e	c
c	l	a	r	t	n	n	n	o
v	n	h	s	q	v	t	t	a
o	m	e	f	s	x	y	y	b

239

30 Day   90쪽

★ 빈칸을 채우고 문장으로 말하자

coat / shirt / jacket / Put, blouse / on, skirt / birthday / candle / cake / This, present / your, balloon

★ 도전! 영단어 TEST

1 present	2 candle	3 shirt
4 skirt	5 cake	6 블라우스
7 재킷	8 풍선	9 생일
10 외투	11 따뜻한	12 season

31 Day   92쪽

★ 빈칸을 채우고 문장으로 말하자

phone / hairband / glasses / Where, tape / is, notebook / on / in / under / cat, next to / in front of, box

★ 도전! 영단어 TEST

1 notebook	2 glasses	3 under
4 in	5 phone	6 머리띠
7 ~옆에	8 ~앞에	9 테이프
10 ~위에	11 선물	12 balloon

32 Day   94쪽

★ 빈칸을 채우고 문장으로 말하자

panda / tiger / fox / can't, wolf / find, deer / sheep / goat / goose / There, snail / is, goldfish

★ 도전! 영단어 TEST

1 goose	2 goldfish	3 goat
4 fox	5 wolf	6 판다
7 호랑이	8 양	9 사슴
10 달팽이	11 ~아래에	12 phone

Review 11   95~96쪽

A

1 외투	2 재킷	3 치마
4 초	5 선물	6 shirt
7 blouse	8 birthday	9 cake
10 balloon	11 전화기	12 안경
13 공책	14 ~안에	15 ~옆에
16 hairband	17 tape	18 on
19 under	20 in front of	21 판다
22 여우	23 사슴	24 염소
25 달팽이	26 tiger	27 wolf
28 sheep	29 goose	30 goldfish

B

1 전화기	2 ~안에	3 여우
4 금붕어	5 초	6 안경
7 호랑이	8 염소	9 외투
10 선물		

C

1 blouse	2 deer	3 goose
4 tape	5 present	6 under

o	o	t	e	v	m	y	p
p	u	n	d	e	r	e	a
r	r	k	r	j	s	k	e
e	h	r	t	u	s	s	d
s	t	h	o	a	o	q	e
e	u	l	a	o	p	m	e
n	b	r	g	o	g	e	r
t	k	x	z	b	b	b	e

 Day 33 98쪽

★ 빈칸은 채우고 문장으로 말하자

fast / slow / dirty / It, clean / looks, good / doctor / teacher / chef / They, firefighter / are, police officer

★ 도전! 영단어 TEST

1 police officer　2 clean　3 firefighter
4 dirty　5 slow　6 빠른
7 의사　8 요리사　9 선생님
10 좋은　11 거위　12 panda

 Day 34 100쪽

★ 빈칸은 채우고 문장으로 말하자

hospital / school / restaurant / work, fire station / at, police station / save people / teach students / make food / put out fires / help people

★ 도전! 영단어 TEST

1 teach students　2 police station　3 restaurant
4 hospital　5 put out fires　6 학교
7 소방서　8 사람들을 돕다　9 사람들을 구하다
10 음식을 만들다　11 소방관　12 fast

 Day 35 102쪽

★ 빈칸은 채우고 문장으로 말하자

sweet / sour / spicy / It, salty / tastes, delicious / boy / girl / man / Look, woman / at, people

★ 도전! 영단어 TEST

1 man　2 delicious　3 sweet
4 girl　5 sour　6 (맛이) 짠
7 사람들　8 매운　9 여자
10 소년　11 사람들을 돕다　12 restaurant

Review 12 103~104쪽

A

1 빠른　2 더러운　3 좋은
4 선생님　5 소방관　6 slow
7 clean　8 doctor　9 chef
10 police officer　11 병원　12 식당
13 경찰서　14 학생들을 가르치다
15 불을 끄다　16 school　17 fire station
18 save people　19 make food　20 help people
21 달콤한　22 매운　23 맛있는
24 소녀　25 여자　26 sour
27 salty　28 boy　29 man
30 people

B

1 병원　2 학생들을 가르치다　3 맛있는
4 요리사　5 더러운　6 경찰서
7 불을 끄다　8 (맛이) 짠　9 느린
10 경찰관

C

1 salty　2 boy　3 people
4 school　5 teacher　6 sour

n	p	k	f	e	j	x	q
t	e	a	c	h	e	r	e
r	i	b	b	g	t	r	p
y	s	c	h	o	o	l	e
j	d	y	c	h	y	f	o
b	v	s	o	u	r	y	p
n	k	e	z	q	l	w	l
s	a	l	t	y	d	v	e

241

Day 36　　106쪽

★ 빈칸은 채우고 문장으로 말하자

cook / jog / study / sing / I'm, laugh / Listen / Wait /
Go to bed / Brush your teeth / Be quiet, please

★ 도전! 영단어 TEST

1 study	2 wait	3 cook
4 sing	5 go to bed	6 조깅하다
7 (귀 기울여) 듣다	8 조용히 하다	9 (소리 내어) 웃다
10 네 이를 닦다	11 달콤한	12 boy

Day 37　　108쪽

★ 빈칸은 채우고 문장으로 말하자

sit / leave / talk / enter / Don't, worry / travel / visit /
go fishing / go shopping / I'll, stay home

★ 도전! 영단어 TEST

1 travel	2 go fishing	3 leave
4 visit	5 stay home	6 쇼핑하러 가다
7 말하다	8 들어가다	9 앉다
10 걱정하다	11 자러 가다	12 laugh

Day 38　　110쪽

★ 빈칸은 채우고 문장으로 말하자

find / know / get / can, guess / think of, answer /
use / take / try / Can, borrow / I, come in

★ 도전! 영단어 TEST

1 borrow	2 use	3 find
4 know	5 guess	6 들어가다
7 얻다	8 해 보다	9 ~에 대해 생각하다
10 가지고 가다	11 집에 머무르다	
12 talk		

Review 13　　111~112쪽

A

1 요리하다	2 공부하다	3 (소리 내어) 웃다
4 기다리다	5 네 이를 닦다	6 jog
7 sing	8 listen	9 go to bed
10 be quiet	11 앉다	12 말하다
13 들어가다	14 방문하다	15 쇼핑하러 가다
16 leave	17 worry	18 travel
19 go fishing	20 stay home	21 찾다
22 얻다	23 ~에 대해 생각하다	
24 가지고 가다	25 들어가다	26 know
27 guess	28 use	29 try
30 borrow		

B

1 요리하다	2 기다리다	3 떠나다
4 찾다	5 사용하다	6 공부하다
7 조용히 하다	8 방문하다	9 추측하다
10 빌리다		

C

1 know	2 worry	3 travel
4 borrow	5 sing	6 guess

t	l	u	l	w	i	r	w
g	u	e	s	s	b	g	d
t	o	t	h	k	o	u	a
s	r	s	g	n	r	e	q
b	s	a	w	o	r	r	y
r	i	n	v	w	o	s	j
p	n	g	j	e	w	l	c
l	g	h	g	k	l	i	n

 Day 39

114쪽

⭐ 빈칸은 채우고 문장으로 말하자

piano / violin / guitar / can, drum / play, cello / park /
library / church / Let's, mall / go, zoo

⭐ 도전! 영단어 TEST

1 library   2 church   3 zoo
4 violin   5 cello   6 기타
7 피아노   8 드럼   9 쇼핑몰
10 공원   11 추측하다   12 take

Day 40

116쪽

⭐ 빈칸은 채우고 문장으로 말하자

bedroom / living room / bathroom / Look, kitchen /
around, garden / wash my hands / eat breakfast / ride
my bike / I, watch TV / clean my room

⭐ 도전! 영단어 TEST

1 bathroom   2 eat breakfast   3 ride my bike
4 living room   5 bedroom   6 내 방을 청소하다
7 부엌   8 정원   9 TV를 보다
10 내 손을 씻다   11 동물원   12 guitar

Review 14

117~118쪽

A

1 피아노   2 기타   3 첼로
4 도서관   5 쇼핑몰   6 violin
7 drum   8 park   9 church
10 zoo   11 침실   12 욕실
13 정원   14 TV를 보다   15 아침을 먹다
16 living room   17 kitchen
18 wash my hands   19 ride my bike
20 clean my room   21 거실   22 공원
23 교회   24 부엌   25 내 손을 씻다
26 piano   27 bedroom   28 cello
29 watch TV   30 eat breakfast

B

1 바이올린   2 공원   3 내 손을 씻다
4 내 자전거를 타다   5 침실   6 첼로
7 동물원   8 거실   9 정원
10 아침을 먹다

C

1 cello   2 kitchen   3 piano
4 zoo   5 library   6 park

z	l	h	p	i	a	n	o
a	i	x	k	a	t	k	n
h	b	y	i	h	r	t	y
g	r	u	t	q	m	k	c
p	a	s	c	d	c	u	e
s	r	l	h	t	r	p	l
o	y	d	e	r	n	u	l
o	c	o	n	b	z	o	o

 Day 41 122쪽

⭐ 빈칸은 채우고 문장으로 말하자

camera / bottle / textbook / Whose, backpack / pencil case, this / go camping / go surfing / go bowling / Let's, go hiking / Let's, go sightseeing

⭐ 도전! 영단어 TEST

1 go bowling　　2 go surfing　　3 camera
4 backpack　　5 bottle　　6 교과서
7 도보 여행을 가다　8 캠핑하러 가다　9 필통
10 관광하러 가다　11 내 자전거를 타다　12 garden

 Day 42 124쪽

⭐ 빈칸은 채우고 문장으로 말하자

Korean / English / math / favorite, science / subject, P.E. / speak English / see a movie / make a robot / want, play sports / to, invent a machine

⭐ 도전! 영단어 TEST

1 speak English　2 math　　3 English
4 Korean　　5 invent a machine　6 과학
7 체육　　8 로봇을 만들다　9 스포츠를 하다
10 영화를 보다　11 서핑하러 가다　12 pencil case

 Day 43 126쪽

⭐ 빈칸은 채우고 문장으로 말하자

hard / soft / strong / weak / They, thick / are, thin / preschool / elementary school / middle school / enter, high school / I, university

⭐ 도전! 영단어 TEST

1 strong　　2 thick　　3 hard
4 high school　5 elementary school

6 부드러운　　7 대학교　　8 중학교
9 약한　　10 유치원　　11 얇은

 Review 15 127~128쪽

A

1 카메라　　2 교과서　　3 필통
4 서핑하러 가다　5 도보 여행을 가다　6 bottle
7 backpack　8 go camping　9 go bowling
10 go sightseeing　11 한국어, 국어　12 수학
13 체육　　14 영화를 보다　15 스포츠를 하다
16 English　17 science　18 speak English
19 make a robot　20 invent a machine　21 단단한
22 강한　　23 두꺼운　　24 유치원
25 중학교　　26 대학교　　27 soft
28 weak　　29 thin
30 elementary school　　31 high school

B

1 배낭　　2 스포츠를 하다　3 교과서
4 관광하러 가다　5 영어로 말하다　6 단단한
7 도보 여행을 가다　8 고등학교　9 한국어, 국어
10 대학교

C

1 math　　2 thick　　3 strong
4 camera　　5 thin　　6 bottle

p	i	p	x	d	j	z	j
c	a	m	e	r	a	q	q
t	h	i	c	k	n	e	s
m	t	s	s	h	l	q	t
u	m	w	t	t	j	o	r
k	s	a	t	h	b	e	o
l	m	o	y	i	t	k	n
m	b	s	r	n	t	b	g

 Day 44 130쪽

★ 빈칸은 채우고 문장으로 말하자

fried rice / fruit salad / beefsteak / I'd, apple juice /
like, potato pizza / fry / add / slice / chop, onions /
you, peel

★ 도전! 영단어 TEST

1 apple juice	2 add	3 slice
4 fried rice	5 beefsteak	6 감자 피자
7 껍질을 벗기다	8 과일 샐러드	9 다지다
10 볶다, 튀기다	11 두꺼운	12 middle school

 Day 45 132쪽

★ 빈칸은 채우고 문장으로 말하자

minicar / baseball glove / soccer ball / want, hairpin /
I, comic book / January / February / March / April /
is, May / It, June

★ 도전! 영단어 TEST

1 soccer ball	2 February	3 comic book
4 May	5 April	6 1월
7 야구 글러브	8 모형 자동차	9 6월
10 머리핀	11 3월	

 Day 46 134쪽

★ 빈칸은 채우고 문장으로 말하자

July / August / September / October / It, November /
is, December / museum / theater / bakery /
go, market / farm, Sundays

★ 도전! 영단어 TEST

1 bakery	2 November	3 theater
4 market	5 August	6 7월

7 9월	8 농장	9 박물관
10 12월	11 10월	

 Review 16 135~136쪽

A

1 볶음밥	2 소고기 스테이크	3 감자 피자
4 더하다	5 다지다	6 fruit salad
7 apple juice	8 fry	9 slice
10 peel	11 모형 자동차	12 축구공
13 만화책	14 2월	15 4월
16 6월	17 baseball glove	18 hairpin
19 January	20 March	21 May
22 7월	23 9월	24 11월
25 박물관	26 빵집	27 농장
28 August	29 October	30 December
31 theater	32 market	

B

1 볶음밥	2 사과 주스	3 만화책
4 3월	5 12월	6 더하다
7 야구 글러브	8 2월	9 6월
10 농장		

C

1 market	2 hairpin	3 peel
4 slice	5 chop	6 bakery

w	v	z	q	p	r	h	s
p	c	h	o	p	e	n	n
s	l	i	c	e	i	u	z
d	e	c	e	p	b	e	r
t	a	q	r	a	r	i	k
o	p	i	v	p	e	e	l
b	a	k	e	r	y	d	n
h	p	m	a	r	k	e	t

 Day 47 138쪽

⭐ 빈칸은 채우고 문장으로 말하자

mirror / shelf / toilet / There, bathtub / toilet paper /
classroom / music room / restroom / This, art room /
is, playground

⭐ 도전! 영단어 TEST

1 music room	2 toilet paper	3 restroom
4 bathtub	5 shelf	6 변기
7 운동장	8 교실	9 거울
10 미술실	11 8월	12 farm

 Day 48 140쪽

⭐ 빈칸은 채우고 문장으로 말하자

get up / go to school / time, get home /
What, have lunch / do your homework / always /
usually / often / sometimes, breakfast / never, have

⭐ 도전! 영단어 TEST

1 have lunch	2 always	3 often
4 do your homework		5 get home
6 대개	7 때때로	8 일어나다
9 학교에 가다	10 결코 ~않다	11 화장실
12 mirror		

 Day 49 142쪽

⭐ 빈칸은 채우고 문장으로 말하자

take a bus / go home / take a shower / listen to music /
keep a diary, every day / town / city / country /
in, village / live, island

⭐ 도전! 영단어 TEST

1 town	2 island	3 country
4 keep a diary	5 take a shower	6 음악을 듣다

7 버스를 타다	8 마을	9 도시
10 집에 가다	11 자주	12 get up

 Review 17 143~144쪽

A

1 거울	2 변기	3 화장지
4 음악실	5 미술실	6 shelf
7 bathtub	8 classroom	9 restroom
10 playground	11 일어나다	12 집에 도착하다
13 네 숙제를 하다	14 대개	15 때때로
16 go to school	17 have lunch	18 always
19 often	20 never	21 버스를 타다
22 샤워하다	23 일기를 쓰다	24 도시
25 마을	26 go home	
27 listen to music	28 town	29 country
30 island		

B

1 거울	2 교실	3 일어나다
4 음악을 듣다	5 버스를 타다	6 화장지
7 미술실	8 네 숙제를 하다	9 때때로
10 시골		

C

1 shelf	2 island	3 usually
4 restroom	5 never	6 always

u	h	r	t	q	m	l	n
s	h	e	l	f	j	g	e
u	g	s	i	g	b	a	v
a	q	t	s	g	m	l	e
l	f	r	l	y	g	w	r
l	m	o	a	q	r	a	i
y	y	o	n	t	u	y	j
e	i	m	d	g	e	s	m

50 Day

146쪽

⭐ 빈칸은 채우고 문장으로 말하자

great / sorry / well / I, worried / feel, lonely /
sunglasses / sunflower / snowman / need, snowball /
you, need, toothbrush

⭐ 도전! 영단어 TEST

1 lonely	2 sunflower	3 sorry
4 toothbrush	5 well	6 정말 좋은
7 눈사람	8 선글라스	9 눈덩이
10 걱정하는	11 샤워하다	12 village

51 Day

148쪽

⭐ 빈칸은 채우고 문장으로 말하자

bookstore / bank / bus stop / post office / flower shop /
straight / Go, block / right / Turn left / see, on your left

⭐ 도전! 영단어 TEST

1 flower shop	2 go one block	3 post office
4 turn left	5 bank	6 서점
7 버스 정류장	8 직진으로 가다	9 오른쪽으로 돌다
10 네 왼쪽에서 그것을 보다		11 외로운
12 snowman		

52 Day

150쪽

⭐ 빈칸은 채우고 문장으로 말하자

tomorrow / week / weekend / will, month / you, year /
join a camp / take a dance class / learn Chinese /
will, wash my dog / I, go on a picnic

⭐ 도전! 영단어 TEST

1 weekend	2 wash my dog	3 tomorrow
4 month	5 go on a picnic	6 주

7 해, 1년	8 캠프에 가입하다	9 중국어를 배우다
10 댄스 수업을 받다	11 한 블록을 가다	12 bookstore

18 Review

151~152쪽

Ⓐ

1 정말 좋은	2 (건강이) 좋은; 잘	3 외로운
4 해바라기	5 눈덩이	6 sorry
7 worried	8 sunglasses	9 snowman
10 toothbrush	11 서점	12 버스 정류장
13 꽃집	14 네 왼쪽에서 그것을 보다	
15 왼쪽으로 돌다	16 bank	17 post office
18 go straight	19 turn right	20 go one block
21 내일	22 주말	23 해, 1년
24 댄스 수업을 받다	25 내 개를 씻기다	26 week
27 month	28 join a camp	29 learn Chinese
30 go on a picnic		

Ⓑ

1 미안한	2 우체국	3 직진으로 가다
4 내일	5 중국어를 배우다	6 선글라스
7 버스 정류장	8 오른쪽으로 돌다	9 주말
10 소풍을 가다		

Ⓒ

1 lonely	2 snowman	3 bank
4 great	5 month	6 well

r	t	b	s	m	b	g	s
u	l	o	n	e	l	y	t
w	e	j	o	x	a	j	r
h	a	m	w	t	g	b	t
p	n	o	m	q	w	a	i
p	r	n	a	g	e	n	g
y	t	t	n	r	l	k	h
t	r	h	g	e	l	t	k

 53 154쪽

★ 빈칸을 채우고 문장으로 말하자

water, water / brush, brush / answer, answer /

drink, drink / play, play / handsome / beautiful / ugly /

She, kind / He, smart

★ 도전! 영단어 TEST

1 play	2 handsome	3 drink
4 smart	5 water	6 못생긴
7 아름다운	8 솔, 빗; 빗질하다	9 답; 답하다
10 친절한	11 주말	12 learn Chinese

 54 156쪽

★ 빈칸을 채우고 문장으로 말하자

flea market / concert / magic show / We, food truck /

love, school festival / prince / princess / king /

There, queen / was, crown

★ 도전! 영단어 TEST

1 magic show	2 queen	3 prince
4 flea market	5 king	6 왕관
7 학교 축제	8 콘서트	9 푸드 트럭
10 공주	11 연극; 놀다	12 beautiful

 55 158쪽

★ 빈칸을 채우고 문장으로 말하자

skin / heart / brain / your, blood / Keep, bone / right,

right / light, light / bad, bad / clear, clear / cool, cool

★ 도전! 영단어 TEST

1 heart	2 cool	3 brain
4 bone	5 clear	6 피, 혈액
7 밝은, 가벼운	8 피부	9 옳은, 오른쪽의

10 나쁜, (음식이) 상한	11 마술 쇼
12 princess	

 19 Review 159~160쪽

A

1 물; 물을 주다	2 답; 답하다	3 연극; 놀다
4 아름다운	5 친절한	6 brush
7 drink	8 handsome	9 ugly
10 smart	11 벼룩시장	12 콘서트
13 학교 축제	14 공주	15 왕비, 여왕
16 magic show	17 food truck	18 prince
19 king	20 crown	21 피부
22 뇌	23 뼈	24 밝은, 가벼운
25 확실한, 맑은	26 heart	27 blood
28 right	29 bad	30 cool

B

1 연극; 놀다	2 아름다운	3 왕자
4 시원한, 멋진	5 피부	6 잘생긴
7 벼룩시장	8 왕비, 여왕	9 뇌
10 푸드 트럭		

C

1 bone	2 crown	3 answer
4 concert	5 smart	6 drink

x	d	r	i	n	k	c	l
s	x	u	g	s	i	n	c
m	a	r	j	b	w	r	o
a	n	g	d	o	r	v	n
r	s	i	r	n	i	c	c
t	w	c	g	e	n	b	e
g	e	d	l	w	c	r	r
d	r	y	y	k	e	t	t

Day 56 162쪽

★ 빈칸은 채우고 문장으로 말하자

take a picture / use a pencil / close the window /
May, bring my dog / I, try this on / painter / scientist /
engineer / want, nurse / be, photographer

★ 도전! 영단어 TEST

1 painter	2 nurse	3 scientist
4 use a pencil	5 bring my dog	6 창문을 닫다
7 이것을 입어 보다	8 사진사	9 사진을 찍다
10 엔지니어	11 확실한, 맑은	12 skin

Day 57 164쪽

★ 빈칸은 채우고 문장으로 말하자

look at flowers / grow plants / play board games /
to, draw pictures / like, write stories / jump rope /
go climbing / learn about stars / want, ride a boat /
to, pick tomatoes

★ 도전! 영단어 TEST

1 play board games		2 draw pictures
3 learn about stars		4 jump rope
5 grow plants	6 꽃을 보다	7 토마토를 따다
8 보트를 타다	9 이야기를 쓰다	10 등산을 가다
11 연필을 쓰다	12 photographer	

Day 58 166쪽

★ 빈칸은 채우고 문장으로 말하자

honest / clever / brave / calm / You're, lazy / pants /
jeans / earrings / wearing, boots / is, wearing, mittens

★ 도전! 영단어 TEST

1 pants	2 calm	3 jeans
4 boots	5 brave	6 정직한

7 (벙어리) 장갑	8 게으른	9 귀걸이
10 현명한	11 등산을 가다	12 jump rope

Review 20 167~168쪽

A

1 사진을 찍다	2 창문을 닫다	3 이것을 입어 보다
4 과학자	5 간호사	6 use a pencil
7 bring my dog	8 painter	9 engineer
10 photographer	11 꽃을 보다	12 보드 게임을 하다
13 이야기를 쓰다	14 줄넘기하다	15 보트를 타다
16 grow plants	17 draw pictures	18 go climbing
19 learn about stars		20 pick tomatoes
21 정직한	22 용감한	23 침착한
24 바지	25 청바지	26 clever
27 lazy	28 earrings	29 boots
30 mittens		

B

1 바지	2 창문을 닫다	3 식물을 기르다
4 줄넘기하다	5 정직한	6 연필을 쓰다
7 사진사	8 이야기를 쓰다	9 토마토를 따다
10 게으른		

C

1 jeans	2 clever	3 mittens
4 nurse	5 brave	6 engineer

m	c	y	l	e	e	n	f
i	h	o	v	v	n	f	e
t	b	a	a	z	g	t	j
t	r	r	k	l	i	o	e
e	b	f	d	m	n	c	a
n	n	u	r	s	e	x	n
s	l	y	w	p	e	y	s
c	l	e	v	e	r	q	q

 Day 59 170쪽

⭐ 빈칸은 채우고 문장으로 말하자

bat / uniform / racket / I, net / have, helmet / seed / root / leaf / This, stem / is, sprout

⭐ 도전! 영단어 TEST

1 seed	2 net	3 root
4 sprout	5 helmet	6 라켓
7 유니폼	8 잎	9 줄기
10 야구 방망이	11 바지	12 lazy

 Day 60 172쪽

⭐ 빈칸은 채우고 문장으로 말하자

art / history / music / social studies / don't, subject / Venus / Mars / Earth / It, Jupiter / is, Mercury

⭐ 도전! 영단어 TEST

1 Mars	2 social studies	3 Earth
4 Jupiter	5 art	6 역사
7 수성	8 음악	9 금성
10 과목	11 그물망	12 stem

Review 21 173~174쪽

A

1 야구 방망이	2 라켓	3 헬멧
4 뿌리	5 줄기	6 uniform
7 net	8 seed	9 leaf
10 sprout	11 미술	12 음악
13 과목	14 화성	15 목성
16 history	17 social studies	18 Venus
19 Earth	20 Mercury	21 씨앗
22 잎	23 수성	24 줄기
25 역사	26 subject	27 Jupiter
28 root	29 Venus	30 bat

B

1 라켓	2 새싹	3 금성
4 미술	5 유니폼	6 줄기
7 지구	8 씨앗	9 사회
10 수성		

C

1 bat	2 seed	3 sprout
4 net	5 history	6 helmet

j	x	h	m	e	r	s	b
q	s	e	f	v	d	p	v
c	g	l	l	o	h	r	z
m	g	m	l	b	q	o	m
u	n	e	t	e	a	u	u
w	h	t	q	i	e	t	b
h	i	s	t	o	r	y	r
p	v	k	s	e	e	d	q

61 Day 178쪽

★ 빈칸은 채우고 문장으로 말하자

first / second / third / fourth, grade / I'm, fifth / sixth / seventh / eighth / ninth, floor / on, tenth

★ 도전! 영단어 TEST

1 sixth	2 seventh	3 fourth
4 second	5 third	6 첫 번째의
7 아홉 번째의	8 다섯 번째의	9 열 번째의
10 여덟 번째의	11 사회	12 Mercury

62 Day 180쪽

★ 빈칸은 채우고 문장으로 말하자

hundred / thousand / ten thousand / twenty thousand / thirty thousand / airport / station / stadium / going, port / I'm, gift shop

★ 도전! 영단어 TEST

1 thirty thousand	2 gift shop	3 station
4 port	5 hundred	6 10,000(만)
7 20,000(2만)	8 1,000(천)	9 경기장
10 공항	11 세 번째의	12 fifth

63 Day 182쪽

★ 빈칸은 채우고 문장으로 말하자

push / pull / buy / sell / start / Don't, stop / field trip / Children's Day / school fair / is, dance contest / When, club festival

★ 도전! 영단어 TEST

1 field trip	2 dance contest	3 Children's Day
4 stop	5 push	6 당기다
7 학교 축제	8 동아리 축제	9 시작하다
10 팔다	11 사다	

22 Review 183~184쪽

A

1 첫 번째의	2 세 번째의	3 다섯 번째의
4 일곱 번째의	5 아홉 번째의	6 second
7 fourth	8 sixth	9 eighth
10 tenth	11 100(백)	12 10,000(만)
13 30,000(3만)	14 역, 정류장	15 항구
16 thousand	17 twenty thousand	
18 airport	19 stadium	20 gift shop
21 밀다	22 사다	23 시작하다
24 현장 학습	25 어린이 날	26 동아리 축제
27 pull	28 sell	29 stop
30 school fair	31 dance contest	

B

1 두 번째의	2 1,000(천)	3 항구
4 밀다	5 현장 학습	6 일곱 번째의
7 20,000(2만)	8 경기장	9 사다
10 동아리 축제		

C

| 1 first | 2 hundred | 3 airport |
| 4 pull | 5 start | 6 stop |

c	h	v	a	p	p	t	l
s	g	u	u	e	x	o	f
t	y	c	n	p	z	w	j
a	d	f	o	d	v	a	k
r	k	t	i	p	r	x	v
t	s	m	z	r	u	e	v
w	j	o	r	b	s	l	d
a	i	r	p	o	r	t	l

 Day 64 186쪽

⭐ **빈칸은 채우고 문장으로 말하자**

novel / cartoon / mystery / I'm, email / reading, diary /

beef curry / vegetable pizza / egg sandwich /

I'd, hot dog / to, French fries

⭐ **도전! 영단어 TEST**

1 hot dog	2 French fries	3 egg sandwich
4 novel	5 cartoon	6 추리소설
7 이메일	8 채소 피자	9 일기
10 소고기 카레	11 멈추다	12 school fair

 Day 65 188쪽

⭐ **빈칸은 채우고 문장으로 말하자**

play games / walk my dog / bake bread /

dance to music / fly a kite / wave, wave / swing, swing /

dress, dress / ring, ring / break, break

⭐ **도전! 영단어 TEST**

1 dress	2 dance to music	3 break
4 ring	5 play games	
6 파도; (손을) 흔들다	7 내 개를 산책 시키다	
8 그네; 흔들리다	9 연을 날리다	10 빵을 굽다
11 달걀 샌드위치	12 mystery	

 Day 66 190쪽

⭐ **빈칸은 채우고 문장으로 말하자**

glass / plastic / wood / ls, stone / this, metal / behind /

between / beside / It's, around / across from, a

⭐ **도전! 영단어 TEST**

1 behind	2 stone	3 beside
4 across from	5 wood	6 유리

7 플라스틱	8 ~사이에	9 금속
10 ~주위에	11 옷; 옷을 입다	12 bake bread

 Review 23 191~192쪽

A

1 소설	2 추리소설	3 일기
4 만화	5 핫도그	
6 vegetable pizza	7 email	8 beef curry
9 egg sandwich	10 French fries	11 게임을 하다
12 빵을 굽다	13 연을 날리다	14 그네; 흔들리다
15 반지; 울리다	16 walk my dog	
17 dance to music	18 wave	19 dress
20 break	21 유리	22 나무, 목재
23 금속	24 ~사이에	25 ~맞은편에
26 plastic	27 stone	28 behind
29 beside	30 around	

B

1 소설	2 채소 피자	3 게임을 하다
4 ~옆에	5 금속	6 추리소설
7 감자 튀김	8 음악에 맞춰 춤추다	
9 플라스틱	10 ~뒤에	

C

1 cartoon	2 email	3 swing
4 wave	5 wood	6 stone

k	t	s	a	u	l	w	c
l	c	s	w	i	n	g	l
s	a	t	f	z	j	i	n
q	r	o	f	t	a	k	d
i	t	n	t	m	r	o	g
n	o	e	e	s	o	e	m
p	o	l	a	w	a	v	e
g	n	t	v	f	i	t	p

67 Day 194쪽

★ 빈칸은 채우고 문장으로 말하자

traveler / comedian / fashion designer / I'll, zookeeper /
be, pilot / Clap / Nod / Shake / Bow, like / Scratch,
this

★ 도전! 영단어 TEST

1 zookeeper	2 shake	3 nod
4 pilot	5 clap	6 여행가
7 긁다	8 고개를 숙이다	9 코미디언
10 패션 디자이너	11 ~맞은편에	12 metal

68 Day 196쪽

★ 빈칸은 채우고 문장으로 말하자

refrigerator / vacuum cleaner / air conditioner /
washing machine / microwave oven / order / call /
stay inside / like, play outside / I'd, send a message

★ 도전! 영단어 TEST

1 order	2 washing machine	
3 play outside	4 vacuum cleaner	5 refrigerator
6 문자를 보내다	7 에어컨	8 안에 머무르다
9 전화하다	10 전자레인지	11 조종사
12 traveler		

69 Day 198쪽

★ 빈칸은 채우고 문장으로 말하자

Spanish / Chinese / Do, French / know, British /
any, Italian / headache / stomachache / toothache /
have, cough / I, runny nose

★ 도전! 영단어 TEST

1 French	2 British	3 runny nose
4 stomachache	5 cough	6 스페인의

7 치통	8 중국의	9 이탈리아의
10 두통	11 청소기	12 call

24 Review 199~200쪽

A

1 여행가	2 패션 디자이너	3 조종사
4 고개를 끄덕이다	5 고개를 숙이다	6 comedian
7 zookeeper	8 clap	9 shake
10 scratch	11 냉장고	12 에어컨
13 전자레인지	14 전화하다	15 밖에서 놀다
16 vacuum cleaner		17 washing machine
18 order	19 stay inside	
20 send a message		21 스페인의
22 프랑스의	23 이탈리아의	24 복통
25 기침	26 Chinese	27 British
28 headache	29 toothache	30 runny nose

B

1 여행가	2 세탁기	3 안에 머무르다
4 스페인의	5 치통	6 고개를 숙이다
7 냉장고	8 문자를 보내다	9 영국의
10 두통		

C

1 pilot	2 clap	3 shake
4 order	5 scratch	6 cough

p	j	z	b	j	r	y	l
i	t	t	r	e	n	o	h
l	v	i	d	c	l	a	b
o	j	r	c	o	u	g	h
t	o	i	c	p	u	g	h
c	s	h	a	k	e	a	n
l	d	l	y	x	b	n	p
s	c	r	a	t	c	h	j

70 202쪽

★ 빈칸을 채우고 문장으로 말하자

go and see a doctor / get some rest /
take some medicine / You, drink warm water /
should, wake up early / cheap / expensive /
easy / difficult / It, interesting / is, boring

★ 도전! 영단어 TEST

1 wake up early 2 drink warm water 3 difficult
4 easy 5 expensive 6 재미있는
7 의사를 만나보다(병원에 가다) 8 지루한
9 (값이) 싼 10 쉬다 11 약을 먹다

71 204쪽

★ 빈칸을 채우고 문장으로 말하자

bigger / stronger / faster / heavier, than / shorter, dog /
exercise / upload photos / eat fast food /
wash your car / How, stay up late

★ 도전! 영단어 TEST

1 exercise 2 heavier 3 wash your car
4 faster 5 stronger 6 늦게까지 깨어 있다
7 더 짧은 8 더 큰 9 사진을 올리다
10 패스트푸드를 먹다 11 따뜻한 물을 마시다 12 boring

72 206쪽

★ 빈칸을 채우고 문장으로 말하자

once / twice / three times / exercise, four times / five
times, week / air pollution / noise pollution / water
pollution / serious, fine dust / There, global warming

★ 도전! 영단어 TEST

1 air pollution 2 twice 3 five times
4 noise pollution 5 fine dust

6 물 오염(수질 오염) 7 지구 온난화 8 세 번
9 한 번 10 네 번 11 더 무거운
12 upload photos

25 207~208쪽

A
1 의사를 만나보다[병원에 가다] 2 약을 먹다
3 일찍 일어나다 4 (값이) 비싼 5 어려운
6 지루한 7 get some rest
8 drink warm water 9 cheap 10 easy
11 interesting 12 더 큰 13 더 빠른
14 더 짧은 15 사진을 올리다 16 네 차를 세차하다
17 stronger 18 heavier 19 exercise
20 eat fast food 21 stay up late 22 한 번
23 세 번 24 다섯 번 25 소음 공해
26 미세 먼지 27 twice 28 four times
29 air pollution 30 water pollution 31 global warming

B
1 쉬다 2 지루한 3 더 무거운
4 약을 먹다 5 공기 오염 6 일찍 일어나다
7 어려운 8 네 차를 세차하다 9 세 번
10 소음 공해

C
1 once 2 shorter 3 exercise
4 faster 5 twice 6 cheap

o	u	c	z	e	a	e	e
v	f	a	s	t	e	r	x
t	e	d	i	c	o	n	e
u	s	h	o	r	t	e	r
t	c	h	e	a	p	g	c
c	h	c	a	p	k	v	l
v	n	q	h	o	s	v	s
o	e	o	t	w	i	c	e

254

Day 73 210쪽

★ 빈칸은 채우고 문장으로 말하자

moonlight / starfish / popcorn / Look, fishbowl /
at, wheelchair / eat out / take a walk / have a pet /
going, make new friends / They're, take a trip

★ 도전! 영단어 TEST

1 wheelchair   2 make new friends   3 moonlight

4 have a pet   5 starfish   6 어항

7 여행하다   8 외식하다   9 팝콘

10 산책하다   11 두 번   12 water pollution

Day 74 212쪽

★ 빈칸은 채우고 문장으로 말하자

look left and right / stop at the red light /
use the crosswalk / forget, stay behind the line /
Don't, wear your seatbelt / save / recycle / reuse /
We, turn, off / should, reduce

★ 도전! 영단어 TEST

1 reuse   2 recycle   3 stop at the red light

4 wear your seatbelt   5 stay behind the line

6 끄다   7 줄이다   8 아끼다

9 왼쪽과 오른쪽을 보다   10 횡단보도를 이용하다

11 휠체어   12 eat out

Day 75 214쪽

★ 빈칸은 채우고 문장으로 말하자

clean, a park / pick, up trash / stairs / reusing bottles /
taking a short shower / birthday party / graduation /
talent show / Will, movie festival / come, sports day

★ 도전! 영단어 TEST

1 graduation   2 take a short shower   3 sports day

4 use the stairs   5 pick up trash   6 병을 재사용하다

---

7 영화 축제   8 생일 파티   9 장기 자랑 대회

10 공원을 청소하다   11 재사용하다   12 look left and right

Review 26 215~216쪽

A

1 달빛   2 팝콘   3 휠체어

4 산책하다   5 새 친구들을 사귀다

6 starfish   7 fishbowl   8 eat out

9 have a pet   10 take a trip

11 왼쪽과 오른쪽을 보다   12 횡단보도를 이용하다

13 네 안전벨트를 매다   14 재활용하다

15 줄이다   16 stop at the red light

17 stay behind the line   18 save

19 reuse   20 turn off   21 계단을 이용하다

22 병을 재사용하다   23 짧게 샤워하다   24 졸업식

25 영화 축제   26 pick up trash   27 clean a park

28 birthday party   29 talent show   30 sports day

B

1 달빛   2 외식하다   3 재활용하다

4 선 뒤에 있다   5 졸업식   6 불가사리

7 여행하다   8 장기 자랑 대회   9 병을 재사용하다

10 쓰레기를 줍다

C

1 popcorn   2 save   3 fishbowl

4 reduce   5 starfish   6 reuse

f	t	r	m	u	e	s	q
i	v	e	i	v	p	t	p
s	v	u	a	w	o	a	r
h	w	s	r	z	p	r	e
b	p	e	t	x	c	f	d
o	i	i	v	d	o	i	u
w	j	v	k	q	r	s	c
l	h	g	y	j	n	h	e

Day 76 218쪽

⭐ 빈칸은 채우고 문장으로 말하자

finger / toe / elbow / My, shoulder / knee, hurt /

pumpkin / cabbage / spinach / this, cucumber /

Chop, garlic

⭐ 도전! 영단어 TEST

1 cabbage	2 elbow	3 knee
4 spinach	5 shoulder	6 손가락
7 오이	8 마늘	9 발가락
10 호박	11 쓰레기를 줍다	12 movie festival

Day 77 220쪽

⭐ 빈칸은 채우고 문장으로 말하자

square / triangle / circle / Look, rectangle / at, oval /

rich / poor / has, curly / He, straight / is, noisy /

She, quiet

⭐ 도전! 영단어 TEST

1 poor	2 rectangle	3 noisy
4 circle	5 triangle	6 타원형
7 곱슬곱슬한	8 조용한	9 정사각형
10 곧은	11 부자인	

Day 78 222쪽

⭐ 빈칸은 채우고 문장으로 말하자

shocked / nervous / upset / She, friendly / is, serious /

ladybug / mosquito / moth / many, butterflies /

There, grasshopper

⭐ 도전! 영단어 TEST

1 butterfly	2 ladybug	3 friendly
4 serious	5 mosquito	6 메뚜기

7 나방	8 긴장한	9 충격을 받은
10 화가 난	11 곧은	12 oval

Review 27 223~224쪽

A

1 손가락	2 팔꿈치	3 무릎
4 양배추	5 오이	6 toe
7 shoulder	8 pumpkin	9 spinach
10 garlic	11 정사각형	12 원형
13 타원형	14 가난한	15 시끄러운
16 곱슬곱슬한	17 triangle	18 rectangle
19 rich	20 quiet	21 straight
22 무당벌레	23 나방	24 메뚜기
25 긴장한	26 다정한	27 mosquito
28 butterfly	29 shocked	30 upset
31 serious		

B

1 손가락	2 호박	3 직사각형
4 나방	5 부자인	6 무릎
7 시금치	8 타원형	9 다정한
10 곧은		

C

1 quiet	2 elbow	3 garlic
4 triangle	5 ladybug	6 upset

t	r	i	a	n	g	l	e
g	a	r	l	i	c	y	m
u	e	c	a	o	n	s	f
p	l	t	d	n	u	t	h
s	b	j	y	v	e	b	y
e	o	l	b	i	u	d	t
t	w	w	u	h	a	b	g
f	g	q	g	s	z	c	l

 Day 79 226쪽

★ 빈칸은 채우고 문장으로 말하자

South America / North America / Europe / Asia /

see, Oceania / Africa, map / earthquake / typhoon /

biggest, flood / It, drought

★ 도전! 영단어 TEST

1 Asia	2 drought	3 earthquake
4 North America	5 flood	6 아프리카
7 태풍	8 유럽	9 남아메리카
10 오세아니아	11 다정한	12 moth

 Day 80 227쪽

★ 빈칸은 채우고 문장으로 말하자

check / remember / repeat / You, practice / focus, it

★ 도전! 영단어 TEST

1 remember	2 repeat	3 check
4 집중하다	5 연습하다	

Review 28 228쪽

A

1 남아메리카	2 아시아	3 아프리카
4 태풍	5 가뭄	6 North America
7 Europe	8 Oceania	9 earthquake
10 flood	11 확인하다	12 반복하다
13 기억하다	14 focus	15 practice

B

1 남아메리카	2 오세아니아	3 홍수
4 연습하다	5 유럽	6 지진
7 기억하다	8 집중하다	

바빠 초등 영문법 5·6학년용 1~3권 | 각 권 13,000원

문법이 쌓이는 누적식 학습 설계

★ ★ ★

연필 잡고 쓰다 보면 기초 영문법이 끝난다!

원어민 음원도 있어요!

이 책의 Bonus!

PDF '시험에는 이렇게 나온다' 문법 TEST PDF 제공

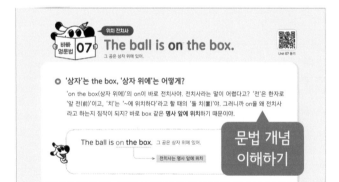

문법 개념 이해하기

문장 비교로 문법 감각 깨우기

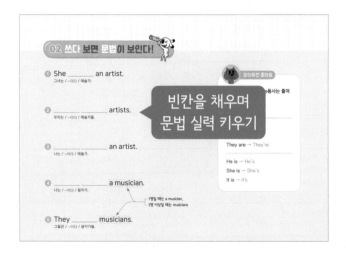

빈칸을 채우며 문법 실력 키우기

문장이 써지면 이 영문법은 OK!

🐶 아들이 하고 싶은 문법 교재라며 고른 첫 번째 책! 문법 공부를 스스로 하고 있어요! – 학부모의 찬사

바빠 영어 시제 특강 5·6 학년용

★ ★ ★
중학 영어까지 뚫리는 영어 시제

단순, 진행, 현재완료까지
초등 영문법
시제 총정리

바빠 영어 시제 특강 - 5·6학년용 | 15,000원

+

**특별 부록 | 불규칙동사의
3단 변화 쓰기 노트**

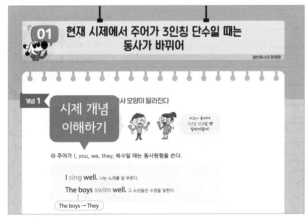

시제 개념
이해하기

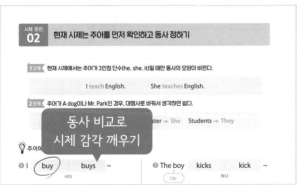

동사 비교로
시제 감각 깨우기

빈칸을 채우며
시제 외우기

우리말에 맞게
시제 완성하기

🐾 시제 때문에 다시 처음부터 문법을 하기 애매했는데, 정말 딱입니다! – 학부모의 찬사